**Der Religionsunterricht
als bekenntnisgebundenes Lehrfach**

Staatskirchenrechtliche Abhandlungen

Herausgegeben von Ernst Friesenhahn · Alexander Hollerbach · Josef Isensee
Joseph Listl · Hans Maier · Paul Mikat · Klaus Mörsdorf · Wolfgang Rüfner

Band 15

Der Religionsunterricht als bekenntnisgebundenes Lehrfach

Sechs Rechtsgutachten von Christoph Link und Armin Pahlke, Joseph Listl, Ulrich Scheuner, Alexander Hollerbach zur Frage der Möglichkeit der Teilnahme von Schülern am Religionsunterricht einer anderen Konfession

Herausgegeben von

Joseph Listl

DUNCKER & HUMBLOT / BERLIN

Schriftleitung der Reihe „Staatskirchenrechtliche Abhandlungen":
Prof. Dr. Joseph Listl, Lennéstr. 15, D-5300 Bonn 1

CIP-Kurztitelaufnahme der Deutschen Bibliothek

Der Religionsunterricht als bekenntnisgebundenes Lehrfach / 6 Rechtsgutachten von Christoph Link . . . zur Frage d. Möglichkeit d. Teilnahme von Schülern am Religionsunterricht e. anderen Konfession; hrsg. von Joseph Listl. —
Berlin: Duncker und Humblot, 1983.
    (Staatskirchenrechtliche Abhandlungen; Bd. 15)
    ISBN 3-428-05435-0
NE: Listl, Joseph [Hrsg.]; Link, Christoph [Mitverf.]; GT

Alle Rechte vorbehalten
© 1983 Duncker & Humblot, Berlin 41
Gedruckt 1983 bei Buchdruckerei A. Sayffaerth - E. L. Krohn, Berlin 61
Printed in Germany
ISBN 3 428 05435 0

Vorwort

Nach der Bestimmung des Art. 7 Abs. 3 des Grundgesetzes ist der Religionsunterricht in den öffentlichen Schulen als *ordentliches Lehrfach* nach den Grundsätzen der Religionsgemeinschaften zu erteilen. Die Verfassungsrechtslehre versteht darunter einen Unterricht in „konfessioneller Positivität und Gebundenheit" (Gerhard Anschütz). Daraus folgt, daß der Religionsunterricht im Sinne einer Homogenität in Übereinstimmung mit der Lehre der betreffenden Kirche und in derem Auftrag von Lehrern, die dieser Kirche angehören, für Schüler dieser Kirche erteilt werden muß. Der Religionsunterricht ist nicht bloße Religionskunde oder bloß religionswissenschaftlicher oder religionsvergleichender Unterricht (Ernst Friesenhahn, Religionsunterricht und Verfassung, in: Essener Gespräche zum Thema Staat und Kirche, Heft 5, Münster 1971, S. 67). Ungeachtet seiner konfessionellen Bindung ist der Religionsunterricht aber „zur Offenheit verpflichtet. Der Gesinnung nach ist er ökumenisch" (Gemeinsame Synode der Bistümer in der Bundesrepublik Deutschland. Beschlüsse der Vollversammlung. Offizielle Gesamtausgabe, 3. Aufl., Bd. 1, Freiburg-Basel-Wien 1977, S. 144). Dies entspricht dem Geist der ökumenischen Haltung, die die Kirchen selbst miteinander üben. Die konkreten Formen und Modelle der Zusammenarbeit auf dem Gebiete des Religionsunterrichts zwischen verschiedenen Konfessionen müssen dabei in jeder Hinsicht kirchlich-theologisch verantwortbar bleiben und zugleich verfassungs- und gesetzeskonform sein.

Die Koexistenz des katholischen und evangelischen Religionsunterrichts innerhalb derselben Schulen hat in jüngster Zeit wiederholt dazu geführt, daß sich staatliche und kirchliche Behörden in verschiedenem Zusammenhang mit der Frage konfrontiert sahen, unter welchen Voraussetzungen eine Möglichkeit der Teilnahme von Schülern am Religionsunterricht einer anderen Konfession gegeben ist. In neuester Zeit stellte sich ferner wiederholt die Frage, unter welchen Voraussetzungen nicht getaufte Schüler auf Antrag ihrer Erziehungsberechtigten am Religionsunterricht teilnehmen können. Mit dieser Frage waren auch bereits Verwaltungsgerichte befaßt.

Aus konkretem Anlaß haben Herr Prof. Dr. *Christoph Link*, Göttingen, und Herr Wiss. Assistent Dr. *Armin Pahlke* mit Datum vom 1. März 1982 dem Bistum Hildesheim ein Rechtsgutachten erstattet zu der Thematik „Religionsunterricht und Bekenntniszugehörigkeit. Die Teilnahme katholischer Schüler, die sich vom Religionsunterricht der eigenen Konfession abgemeldet haben, am evangelischen Religionsunterricht der Sekundarstufe II nach niedersächsischem Schulrecht". Dieses Rechtsgutachten, das bisher nicht veröffentlicht ist, wird hier einer breiteren Öffentlichkeit zugänglich gemacht. Es handelt sich hierbei um ein komplexes staatskirchenrechtliches Problem, das gleichermaßen das staatliche und das kirchliche Grundverständnis des Religionsunterrichts betrifft.

Die Problematik, in welchem Umfang und unter welchen Voraussetzungen eine Öffnung des Religionsunterrichts für Schüler einer anderen Konfession möglich ist, hat auch bereits in früheren Jahren aus verschiedenen Anlässen zur Erstattung gutachtlicher Stellungnahmen geführt. So haben hierzu die Herren Prof. Dr. *Joseph Listl*, Augsburg, Prof. Dr. *Ulrich Scheuner*, Bonn, und Prof. Dr. *Alexander Hollerbach*, Freiburg i. Br., gutachtliche Stellungnahmen abgegeben. Herr Prof. Dr. *Link* und Herr Wiss. Assistent Dr. *Pahlke* haben sich in ihrem Rechtsgutachten auf diese — mit Ausnahme der Stellungnahme von Herrn Prof. Dr. *Alexander Hollerbach* — bisher nicht veröffentlichten Rechtsgutachten bezogen. Aus diesem Grund, aber auch aus der Erwägung, daß die historische Entwicklung dieser Problematik, die sich seit Beginn der 70er Jahre in verstärktem Maße gestellt hat, hier dargelegt und dokumentiert werden soll, haben sich die Herausgeber entschlossen, auch diese früheren Rechtsgutachten, die ursprünglich überwiegend für die innerkirchliche Meinungsbildung verfaßt worden sind, in unverändertem Zustand der interessierten Öffentlichkeit zugänglich zu machen.

Bonn, den 15. August 1983

Die Herausgeber

Inhalt

Dr. *Christoph Link*, Professor an der Universität Göttingen, und
Dr. *Armin Pahlke*, Richter am Verwaltungsgericht Oldenburg:

    Religionsunterricht und Bekenntniszugehörigkeit. Die Teilnahme katholischer Schüler, die sich vom Religionsunterricht der eigenen Konfession abgemeldet haben, am evangelischen Religionsunterricht der Sekundarstufe II nach niedersächsischem Schulrecht 13

Dr. *Joseph Listl*, Professor an der Universität Augsburg:

    Zur Frage der verfassungsrechtlichen Zulässigkeit eines „kooperativ-konfessionellen" Religionsunterrichts an der Gesamtschule in Weinheim 49

Dr. *Ulrich Scheuner*, Professor an der Universität Bonn:

    Die Teilnahme von Schülern anderer Konfession am Religionsunterricht 57

Dr. *Ulrich Scheuner*, Professor an der Universität Bonn:

    Öffnung des Religionsunterrichts auf der Sekundarstufe für Schüler der anderen Konfession 63

Dr. *Joseph Listl*, Professor an der Universität Augsburg:

    Zur Frage, ob einer Öffnung des bisher nach Konfessionen getrennt erteilten Religionsunterrichts für Schüler eines anderen Bekenntnisses in der Sekundarstufe II des Landes Baden-Württemberg rechtliche Bedenken entgegenstehen 73

Dr. *Alexander Hollerbach*, Professor an der Universität Freiburg i. Br.:

    Religionsunterricht in der reformierten gymnasialen Oberstufe. Dokumentation und gutachtliche Stellungnahme zur Rechtslage in Baden-Württemberg 79

Personenregister 113

Sachwortregister 115

Abkürzungsverzeichnis

a. A.	=	anderer Ansicht
abgedr.	=	abgedruckt
abl.	=	ablehnend(e, er, es)
ABl.	=	Amtsblatt
Abs.	=	Absatz
Anm.	=	Anmerkung(en)
ArchkathKR	=	Archiv für katholisches Kirchenrecht
Art.	=	Artikel
Aufl.	=	Auflage
bad.	=	badisch(e, er, es)
BadK	=	Badisches Konkordat vom 12. 10. 1932
BadKV	=	Badischer Kirchenvertrag vom 14. 11. 1932
BaWüVbl.	=	Baden-Württembergisches Verwaltungsblatt
bay., bayer.	=	bayerisch(e, er, es)
BayVerfGH	=	Bayerischer Verfassungsgerichtshof
BayVerfGHE	=	Sammlung von Entscheidungen des Bayerischen Verwaltungsgerichtshofs mit Entscheidungen des Bayerischen Verfassungsgerichtshofs, (ab 1951 ferner:) des Bayerischen Dienststrafhofs (ab 1952:) und des Bayerischen Gerichtshofs für Kompetenzkonflikte. T. 2. Verfassungsgerichtshof
BayVGH	=	Bayerischer Verwaltungsgerichtshof
BayVGHE	=	s. BayVerfGHE, hier: T. 1. Verwaltungsgerichtshof
Bd.	=	Band
bes.	=	besonders
Beschl.	=	Beschluß
betr.	=	betreffend(e, er, es)
BGH	=	Bundesgerichtshof
BGHZ	=	Entscheidungen des Bundesgerichtshofs in Zivilsachen
BGVO	=	Verordnung des Kultusministeriums von Baden-Württemberg über die Jahrgangsstufen 12 und 13 sowie über die Abiturprüfung an beruflichen Gymnasien vom 10. 3. 1978
BVerfG	=	Bundesverfassungsgericht
BVerfGE	=	Entscheidungen des Bundesverfassungsgerichts
BVerwG	=	Bundesverwaltungsgericht
BVerwGE	=	Entscheidungen des Bundesverwaltungsgerichts
c., cc.	=	canon, canones
CIC/1917	=	Codex Iuris Canonici von 1917
CIC/1983	=	Codex Iuris Canonici von 1983
dens.	=	denselben
d. h.	=	das heißt
Diss.	=	Dissertation
DÖV	=	Die Öffentliche Verwaltung
DVBl.	=	Deutsches Verwaltungsblatt
ebd.	=	ebenda
EKD	=	Evangelische Kirche in Deutschland
epd	=	Evangelischer Pressedienst
Erl.	=	Erläuterung(en)
ev.	=	evangelisch(e, er, es)

f.	=	für
f., ff.	=	folgende (Seite, Seiten)
Fn.	=	Fußnote
GBl.	=	Gesetzblatt
gem.	=	gemäß
gez.	=	gezeichnet
GG	=	Grundgesetz für die Bundesrepublik Deutschland vom 23. 5. 1949
GVBl.	=	Gesetz- und Verordnungsblatt
HdbStKirchR	=	Handbuch des Staatskirchenrechts der Bundesrepublik Deutschland. Hrsg. von E. Friesenhahn u. U. Scheuner i. V. m. J. Listl, Bd. I—II, Berlin 1974—1975
HerKorr	=	Herder-Korrespondenz
hess.	=	hessisch(e, er, es)
hrsg.	=	herausgegeben
Hrsg.	=	Herausgeber
i. d. F. v.	=	in der Fassung vom
insbes.	=	insbesondere
i. V. m.	=	in Verbindung mit
jur.	=	juristisch(e, er, es)
JuS	=	Juristische Schulung
KirchE	=	Entscheidungen in Kirchensachen
KM	=	Kultusministerium
K. u. U.	=	Kultus und Unterricht
lit.	=	litera
Lit.	=	Literatur
LV, LVerf.	=	Landesverfassung
m. w. N.	=	mit weiteren Nachweisen
Nachdr.	=	Nachdruck
NBl.KM	=	Nachrichtenblatt des Kultusministers des Landes Schleswig-Holstein
nds.	=	niedersächsisch(e, er, es)
Nds.GVBl.	=	Niedersächsisches Gesetz- und Verordnungsblatt
NGVO	=	Verordnung des Kultusministeriums von Baden-Württemberg über die Jahrgangsstufen 12 und 13 sowie über die Abiturprüfung an Gymnasien der Normalform und Gymnasien in Aufbauform mit Heim vom 10. 3. 1978
NJW	=	Neue Juristische Wochenschrift
Nr.	=	Nummer(n)
NSchG	=	Niedersächsisches Schulgesetz
o. g.	=	oben genannt(e, er, es)
OLG	=	Oberlandesgericht
OVG	=	Oberverwaltungsgericht
Rdnr.	=	Randnummer(n)
RegBl.	=	Regierungsblatt
RGBl.	=	Reichsgesetzblatt
RKEG	=	Gesetz über die religiöse Kindererziehung vom 15. 7. 1921
RU	=	Religionsunterricht
RV	=	Reichsverfassung
s.	=	siehe
S.	=	Satz; Seite(n)
SchG	=	Schulgesetz für Baden-Württemberg i. d. F. v. 23. 3. 1976

Abkürzungsverzeichnis

SchVOG	=	Gesetz zur Vereinheitlichung und Ordnung des Schulwesens vom 5. 5. 1964 (Baden-Württemberg)
sog.	=	sogenannt(e, er, es)
SVBl.	=	Schulverwaltungsblatt für Niedersachsen
u.	=	und
u. a.	=	und andere(s); unter anderem(n)
unveränd.	=	unverändert(e, er, es)
u. ö.	=	und öfter
Urt.	=	Urteil
usw.	=	und so weiter
u. U.	=	unter Umständen
v.	=	vom, von
Verf.	=	Verfassung
vgl.	=	vergleiche
VVDStRL	=	Veröffentlichungen der Vereinigung der Deutschen Staatsrechtslehrer
WRV	=	Verfassung des Deutschen Reichs vom 11. 8. 1919 (Weimarer Reichsverfassung)
württ.-bad.	=	württemberg-badisch(e, er, es)
z. B.	=	zum Beispiel
ZevKR	=	Zeitschrift für evangelisches Kirchenrecht
Ziff.	=	Ziffer(n)
zit.	=	zitiert(e, er, es)
z. T.	=	zum Teil
zust.	=	zustimmend(e, er, es)

Religionsunterricht und Bekenntniszugehörigkeit
Die Teilnahme katholischer Schüler, die sich vom Religionsunterricht der eigenen Konfession abgemeldet haben, am evangelischen Religionsunterricht der Sekundarstufe II nach niedersächsischem Schulrecht*

Von Christoph Link und Armin Pahlke

Der niedersächsische Kultusminister hat durch Erlaß vom 14. Mai 1980[1] „Organisatorische Regelungen für den evangelischen und den katholischen Religionsunterricht in der gymnasialen Oberstufe" getroffen. Nach diesem Erlaß haben evangelische Schüler im Vorsemester sowie im vollentwickelten Kurssystem ihre Belegungsverpflichtungen in Religionslehre mindestens zur Hälfte in evangelischer Religionslehre zu erfüllen (Ziff. 3.1). Für die verbleibenden Pflichtkurse können sie Kurse in katholischer Religionslehre oder alternativ anrechenbare Kurse wählen, zumal wenn das Kursangebot in evangelischer Religionslehre oder die Teilnehmerzahlen bei solchen Kursen nicht ausreichen. *Katholische Schüler müssen* hingegen grundsätzlich alle Kurse in katholischer Religionslehre belegen. Eine Ausnahme ist nur zulässig, wenn

a) der Schüler die Belegungsverpflichtungen wegen eines nicht ausreichenden Kursangebotes nicht erfüllen kann oder

b) die nach Nr. 9 für die Durchführung eines Kurses erforderliche Zahl von mindestens 8 Teilnehmern nicht erreicht und ein Kurs mit geringerer Teilnehmerzahl nicht eingerichtet wird (Ziff. 4.1).

Nach Ziff. 6.1 des Erlasses RU 1980 belegt ein „Schüler, der sich vom Religionsunterricht seines Bekenntnisses abgemeldet hat, ... anstelle von Kursen in der Religionslehre seines Bekenntnisses Kurse in Religionskunde, Kurse, die sich mit Wertvorstellungen und Normen befassen, oder Kurse in der Religionslehre des anderen Bekenntnisses". Voraussetzung der Teilnahme an den letztgenannten Kursen ist die Zustimmung der Fachkonferenz der katholischen bzw. evangelischen Religionslehrer. Die in der Religionslehre des anderen Bekenntnisses be-

---
* Rechtsgutachten vom 1. März 1982, dem Bistum Hildesheim erstattet.
[1] SVBl. 1980, S. 231 (im folgenden: Erlaß RU 1980).

legten Kurse werden benotet und auf die Gesamtqualifikation angerechnet.

Diese Regelung wirft nicht so sehr deshalb Probleme auf, weil damit grundsätzlich der niedersächsische Religionsunterricht in der Sekundarstufe II auch für konfessionsfremde Schüler geöffnet wird. Staatskirchenrechtlichen und schulrechtlichen Bedenken begegnet vielmehr vor allem die durch den Erlaß geschaffene Besonderheit, daß katholische Schüler auch *nach Abmeldung* vom Religionsunterricht ihrer Konfession am evangelischen Religionsunterricht teilnehmen können und daß auch dann die Benotung der Kurse in evangelischer Religionslehre und die Anrechnung der hier erbrachten Leistungen auf die Gesamtqualifikation erfolgt. In diesem Fall bedarf es lediglich der Zustimmung der Fachkonferenz der evangelischen, nicht aber derjenigen der katholischen Religionslehrer. Das Spezifikum liegt also in der Möglichkeit einer *einseitigen* Öffnung des Religionsunterrichts für konfessionsfremde Schüler auch gegen den Willen der betroffenen katholischen Kirche.

Eine Beantwortung der sich in diesem Zusammenhang stellenden Rechtsfragen erfordert zunächst die Darlegung einiger hier bedeutsamer grundlegender Gesichtspunkte hinsichtlich der Ausgestaltung des Religionsunterrichts im Grundgesetz, in Kirchenverträgen und im Niedersächsischen Schulrecht (I). Darüber hinaus ist kurz die besondere Situation des Religionsunterrichts in der reformierten Oberstufe mit seiner stärkeren konfessionellen Öffnung zu beleuchten (II). In einem dritten Teil (III) soll sodann zu den speziellen Rechtsproblemen Stellung genommen werden, die sich aus der genannten niedersächsischen Regelung ergeben.

I. Verfassungsrechtliche und kirchenvertragliche Grenzen der Ausgestaltung des Religionsunterrichts

1. Der Religionsunterricht als ordentliches Lehrfach

Übereinstimmend bezeichnen Art. 7 Abs. 3 S. 1 GG[2], Art. 7 Abs. 1 S. 1 des Niedersächsischen Konkordats[3], § 104 Abs. 1 S. 1 NSchG sowie der

---

[2] Bei Schaffung des Grundgesetzes war nur an katholischen, evangelischen und jüdischen Religionsunterricht gedacht; zum Rechtsanspruch auf islamischen Religionsunterricht vgl. *Gerhard Eiselt*, Islamischer Religionsunterricht an öffentlichen Schulen der Bundesrepublik Deutschland, in: DÖV 1981, S. 205 ff.; *Axel Frhr. von Campenhausen*, Neue Religionen im Abendland. Staatskirchenrechtliche Probleme der Muslime, der Jugendsekten und der sogenannten destruktiven religiösen Gruppen, in: ZevKR 25 (1980), S. 135 (146 ff.).

Erlaß RU 1980 (Ziff. 1.1) den Religionsunterricht als ordentliches Lehrfach. Hiervon geht auch Art. 21 S. 1 des Reichskonkordats aus[4].

Mit der ganz herrschenden Ansicht ist diese Aussage dahingehend zu verstehen, daß der Religionsunterricht als eine (staatliche) Veranstaltung der Schule[5] ein „Pflichtfach mit verfassungsverbürgter Befreiungsmöglichkeit für Lehrer und Schüler" darstellt[6]. Der Religionsunterricht gehört somit zu den Pflichtfächern der Schule, seine Einrichtung an allen öffentlichen Schulen ist für den Schulträger obligatorisch: Schüler sind danach grundsätzlich verpflichtet, an einem ihrem Bekenntnis entsprechenden Religionsunterricht teilzunehmen[7].

---

[3] Konkordat zwischen dem Heiligen Stuhle und dem Lande Niedersachsen vom 26. Februar 1965, in: Nds.GVBl. S. 192; abgedr. bei *Werner Weber,* Die deutschen Konkordate und Kirchenverträge der Gegenwart, Bd. 2, Göttingen 1971, S. 67 ff.; geändert durch Vertrag vom 31. Mai 1973, in: Nds.GVBl. 1973, S. 375; zu den Konkordatsbestimmungen näher *Ernst Gottfried Mahrenholz,* Das Niedersächsische Konkordat und der Ergänzungsvertrag zum Loccumer Vertrag, in: ZevKR 12 (1966/67), S. 217 (236 ff.).

[4] Konkordat zwischen dem Heiligen Stuhle und dem Deutschen Reich vom 20. Juli 1933, in: RGBl. II S. 679; abgedr. bei *Weber,* Die deutschen Konkordate (Anm. 3), Bd. 1, Göttingen 1962, S. 14 ff. Die Fortgeltung des Reichskonkordats ist im einzelnen umstritten (vgl. nur BVerfGE 6, 309 ff.; *Alexander Hollerbach,* Die vertragsrechtlichen Grundlagen des Staatskirchenrechts, in: Ernst Friesenhahn / Ulrich Scheuner i. V. m. Joseph Listl [Hrsg.], Handbuch des Staatskirchenrechts der Bundesrepublik Deutschland [im folgenden: HdbStKirchR], Bd. 1, Berlin 1974, S. 270 ff. m. w. N.). In der Präambel zum Niedersächsischen Konkordat vom 26. Februar 1965 wird festgestellt, daß durch dieses „die Rechtslage der katholischen Kirche in Niedersachsen, die sich namentlich aus den fortgeltenden Konkordaten zwischen dem Heiligen Stuhle und dem Freistaate Preußen vom 14. Juni 1929 und dem Deutschen Reich vom 20. Juli 1933 ergibt, fortgebildet und dauernd geregelt wird". Hierdurch kann das Land Niedersachsen nunmehr unmittelbar auf Beachtung der reichskonkordatären Bestimmungen in Pflicht genommen werden und ist zur Einhaltung des Reichskonkordats dem Heiligen Stuhle gegenüber verpflichtet; dazu *Hans-Jürgen Toews,* Die Schulbestimmungen des niedersächsischen Konkordats, Diss. jur., Göttingen 1967, S. 29.

[5] Zur staatlichen „Unternehmerschaft" im Hinblick auf den Religionsunterricht vgl. *Theodor Maunz (/ Günter Dürig / Roman Herzog / Rupert Scholz),* Kommentar zum Grundgesetz (Loseblatt), München 1958 ff., Art. 7, Rdnr. 50; *Reinhard Schmoeckel,* Der Religionsunterricht. Die rechtliche Regelung nach Grundgesetz und Landesgesetzgebung, Berlin-Spandau, Neuwied 1964, S. 56; *Axel Frhr. von Campenhausen,* Erziehungsauftrag und staatliche Schulträgerschaft, Göttingen 1967, S. 144 f.; *Hans Claassen / Rolf Hauer / Eckhard Klügel / Uwe Reinhardt / Hans Wedemeyer,* Kommentar zum Niedersächsischen Schulgesetz, Hannover-Dortmund-Darmstadt-Berlin 1978, § 104, Anm. 3.

[6] *Christoph Link,* Religionsunterricht: in: HdbStKirchR (Anm. 4), Bd. 2, Berlin 1975, S. 517.

[7] BVerwGE 42, 346 (349); BayVGH, in: DVBl. 1981, S. 44 (45); *Friedrich Müller / Bodo Pieroth,* Religionsunterricht als ordentliches Lehrfach (= Staatskirchenrechtliche Abhandlungen, Bd. 4), Berlin 1974, S. 38 ff., 50, 63, 67. So bereits *Walter Landé,* Die Schule in der Reichsverfassung, Berlin 1929, S. 206 f. für Art. 149 Abs. 1 WRV.

In Literatur und Rechtsprechung wird der vorgeschriebene Pflichtfachcharakter durch ein weites Spektrum unterschiedlicher Formeln zum Ausdruck gebracht[8]. Allein maßgeblich ist jedenfalls die sachliche Aussage, daß — abgesehen von den besonders geregelten Materien in Art. 7 Abs. 2 und 3 GG (Übereinstimmungsgebot, Freistellungsmöglichkeit für Schüler und Lehrer) — der Religionsunterricht den übrigen Schulfächern gleichzustellen ist und in deren Kanon weder eine bevorzugte noch aber auch eine diskriminierte Stellung einnimmt.

Das bedeutet namentlich, daß der Religionsunterricht als Pflichtfach per definitionem nicht (ab)wählbar sein kann. Er ist Pflichtfach für die Schule, nicht aber Wahlfach oder Arbeitsgemeinschaft[9]. Die Qualifizierung als Pflichtfach wird auch nicht durch die verfassungs- und einfachgesetzlich verbürgte Abmeldungsmöglichkeit der Schüler in Frage gestellt. Hierdurch wandelt sich der Religionsunterricht nicht etwa zum Wahlfach. Vielmehr handelt es sich nur um ein sogenanntes relatives Pflichtfach[10].

2. Die Konsequenzen des Pflichtfachcharakters für Benotung und Versetzung

Bundesrechtlich schließt die Qualifizierung als ordentliches Lehrfach die Pflicht zur Benotung des Religionsunterrichts ein[11]. Ob die im Religionsunterricht erteilte Note darüber hinaus bei Versetzungsentscheidungen zu berücksichtigen ist, ist nach Auffassung des Bundesverwaltungsgerichts eine in die Gestaltungsfreiheit der Länder als Träger der Schulhoheit gelegte Entscheidung[12]. In Niedersachsen jedenfalls ist der Religionsunterricht als ordentliches Unterrichtsfach im Zeugnis zu benoten[13].

---

[8] Vgl. *Franz-Georg von Busse*, Gemeinsame Angelegenheiten von Staat und Kirche, München 1978, S. 45 f. m. w. N.

[9] *(Richard Seyderhelm /) Karl-Jürgen Nagel*, Kommentar zum Niedersächsischen Schulgesetz (Loseblatt), Wiesbaden 1978, § 104, Anm. 5.1.

[10] *Link*, Religionsunterricht (Anm. 6), S. 517 m. w. N.; Art. 7 Abs. 2 GG bestätigt vielmehr den Pflichtfachcharakter des Religionsunterrichts; für ein — seiner Eigenschaft nach ohne weiteres abwählbares — Wahlfach brauchte die Verfassung nicht eigens das Recht zur Abmeldung vom Religionsunterricht zu garantieren, *Müller / Pieroth*, Religionsunterricht (Anm. 7), S. 40; *v. Busse*, Gemeinsame Angelegenheiten (Anm. 8), S. 46.

[11] BVerwGE 42, 346 (349); *Link*, Religionsunterricht (Anm. 6), S. 515 f.; *Müller / Pieroth*, Religionsunterricht (Anm. 7), S. 22 ff., 68 ff.

[12] BVerwGE 42, 346 (349); ebenso *Müller / Pieroth*, Religionsunterricht (Anm. 7), S. 51, 67; für unbedingte Versetzungsrelevanz dagegen *Link*, Religionsunterricht (Anm. 6), S. 516, Fn. 73; *Maunz (/ Dürig / Herzog / Scholz)*, GG (Anm. 5), Art. 7, Rdnr. 48 b; vermittelnd *v. Busse*, Gemeinsame Angelegenheiten (Anm. 8), S. 58.

[13] Erlaß des nds. KM vom 21.8.1975, in: SVBl 1975, S. 209; *(Seyderhelm /) Nagel*, NSchG (Anm. 9), § 104, Anm. 5.2.3.

3. Die Übereinstimmung des Religionsunterrichts mit den Grundsätzen der betreffenden Religionsgemeinschaften

Der Inhalt des von der Schule erteilten Religionsunterrichts hat gemäß Art. 7 Abs. 3 S. 2 GG, Art. 7 Abs. 1 S. 2 Niedersächsisches Konkordat, Art. 21 S. 1 Reichskonkordat, § 105 S. 1 NSchG in Übereinstimmung mit den Grundsätzen der Religionsgemeinschaften, d. h. in erster Linie mit deren zentralen Glaubens- und Sittenlehren, zu stehen. Aus diesem Übereinstimmungsgebot resultiert der Charakter des Religionsunterrichts als „gemeinsame Angelegenheit" von Staat und Kirche[14].

Im wesentlichen außer Streit steht dabei, daß der Religionsunterricht in „konfessioneller Positivität und Gebundenheit"[15] erteilt werden muß. Dies nicht im Sinne der älteren religionspädagogischen Theorie, wonach sich der Religionsunterricht als „Kirche in der Schule" verstand. Die konfessionelle Bindung des Religionsunterrichts ist vielmehr sachlich geboten, weil zum einen dem Kind der Zugang zu den religiös geprägten Aspekten seiner Umwelt von den geschichtlichen Ausprägungen des Christentums her erschlossen werden soll und weil zum anderen gerade eine eigene Standortbestimmung ihren Ausgangspunkt an den Orientierungspolen der konfessionellen Beiträge im geistigen und religiösen Dialog nehmen wird[16].

Das Übereinstimmungsgebot des Art. 7 Abs. 3 S. 2 GG bezieht sich damit auf die inhaltliche Gestaltung des Religionsunterrichts, d. h. auf den dargebotenen Stoff und die Art und Weise der Darbietung[17]. Im Grundsatz sind die Schüler einer bestimmten Konfession verpflichtet, an dem Religionsunterricht ihres Bekenntnisses teilzunehmen. Dies ergibt sich aus dem Erfordernis der konfessionellen Positivität und folgt im übrigen bereits daraus, daß sich die Übereinstimmung mit den Grundsätzen gerade auf diejenigen Lehren erstrecken muß, in welchen sich die Religionsgemeinschaften voneinander unterscheiden[18].

---

[14] *Axel Frhr. von Campenhausen*, Staatskirchenrecht, 2. Aufl., München 1983, S. 117 ff.; *Link*, Religionsunterricht (Anm. 6), S. 535; zur allgemeinen Problematik der „res mixtae" vgl. *Martin Heckel*, Die Kirchen unter dem Grundgesetz, in: VVDStRL 26 (1968), S. 5 (35); *v. Busse*, Gemeinsame Angelegenheiten (Anm. 8), S. 1 ff. m. w. N.

[15] *Gerhard Anschütz*, Die Verfassung des Deutschen Reiches vom 11. August 1919. Unveränd. Nachdr. der 14. Aufl. 1933, Bad Homburg v. d. H. 1960, Art. 149, Anm. 4 (S. 691); vgl. neuerdings etwa auch BVerwGE 42, 346 (350); *Link*, Religionsunterricht (Anm. 6), S. 535 f.; *Schmoeckel*, Religionsunterricht (Anm. 5), S. 131; grundsätzlich — in Prämissen und Ergebnis unhaltbar — abweichend *Dirk Ehlers*, Entkonfessionalisierung des Religionsunterrichts, Neuwied und Berlin 1975, S. 9 ff. und — zusammenfassend — S. 94 ff.

[16] *Link*, Religionsunterricht (Anm. 6), S. 511 m. w. N.

[17] So bereits *Landé*, Die Schule (Anm. 7), S. 196.

[18] *Schmoeckel*, Religionsunterricht (Anm. 5), S. 134 f.; BVerwGE 42, 346 (350); ob ein interkonfessioneller oder religionskundlicher Unterricht von

Obwohl daher in Niedersachsen in öffentlichen Schulen die Schüler grundsätzlich ohne Unterschied des Bekenntnisses und der Weltanschauung gemeinsam erzogen und unterrichtet werden (§ 3 Abs. 2 NSchG), ist so der Religionsunterricht als *konfessioneller* Unterricht nach Bekenntnissen getrennt zu erteilen[19].

4. Das Recht zur Abmeldung vom Religionsunterricht

Aus der Qualifizierung des Religionsunterrichts als ordentliches Lehrfach folgt, daß die Teilnahme der Schüler nicht von einer besonderen Anmeldung abhängig gemacht werden kann[20]. Den Ländern ist danach ganz generell die Einführung eines Systems der Anmeldung zum Religionsunterricht verwehrt[21]. Andererseits unterscheidet sich der Religionsunterricht von anderen Schulfächern insofern, als seine bekenntnismäßige Ausrichtung einer unbedingten Teilnahmeverpflichtung entgegensteht. Aufgrund seines Pflichtfachcharakters muß seitens des Staates als Konsequenz der Glaubens- und Gewissensfreiheit (Art. 4 Abs. 1 GG) die Möglichkeit der Nichtteilnahme am Religionsunterricht vorgesehen werden. Dementsprechend wird dieses Grundrecht durch Art. 7 Abs. 2 GG speziell für das Gebiet des Schulunterrichts konkretisiert[22].

Da Schüler bei Eintritt in die gymnasiale Oberstufe das 14. Lebensjahr vollendet haben, steht diesen gemäß § 5 S. 1 des Reichsgesetzes

---

den Kirchen unter Berufung auf ihre „Grundsätze" verlangt werden könnte, wird in der Lit. unterschiedlich beurteilt, verneinend *v. Busse,* Gemeinsame Angelegenheiten (Anm. 8), S. 64 f.; *Link,* Religionsunterricht (Anm. 6), S. 539; bejahend *Schmoeckel,* Religionsunterricht (Anm. 5), S. 134 f.; *Joseph Listl,* Zur Frage der verfassungsrechtlichen Zulässigkeit eines „kooperativ-konfessionellen" Religionsunterrichts an der Gesamtschule in Weinheim, Rechtsgutachten vom 12. 2. 1973 (im folgenden zit.: Gutachten I), in *diesem* Band, S. 49 ff. (52); *ders.,* Zur Frage, ob einer Öffnung des bisher nach Konfessionen getrennt erteilten Religionsunterrichts für Schüler eines anderen Bekenntnisses in der Sekundarstufe II des Landes Baden-Württemberg rechtliche Bedenken entgegenstehen, Rechtsgutachten vom 17. 1. 1974 (zit.: Gutachten III), in *diesem* Band, S. 73 ff. (76); ebenso bereits *Landé,* Die Schule (Anm. 7), S. 201.

[19] *(Seyderhelm /) Nagel,* NSchG (Anm. 9), § 104, Anm. 2.

[20] *Ulrich Scheuner,* Öffnung des Religionsunterrichts auf der Sekundarstufe für Schüler der anderen Konfession, Rechtsgutachten vom 16. 1. 1974, in diesem Band, S. 63 ff. (66 f.); *Schmoeckel,* Religionsunterricht (Anm. 5), S. 102 f.; *Wolfgang Keim,* Schule und Religion, 2. Aufl., Frankfurt/M. u. Berlin 1969, S. 151; a. A. *Reinhart von Drygalski,* Die Einwirkungen der Kirchen auf den Religionsunterricht an öffentlichen Schulen, Göttingen 1967, S. 147.

[21] *Ernst Friesenhahn,* Religionsunterricht und Verfassung, in: Essener Gespräche zum Thema Staat und Kirche, Bd. 5 (1971), S. 67 (84).

[22] BVerwGE 42, 346 (352 f.); *Maunz (/ Dürig / Herzog / Scholz),* GG (Anm. 5), Art. 7, Rdnr. 28; *Link,* Religionsunterricht (Anm. 6), S. 525.

über die religiöse Kindererziehung (RKEG)[23] sowie der damit übereinstimmenden Vorschrift des § 108 S. 2 NSchG das Recht zur Entscheidung über die Teilnahme am Religionsunterricht zu, ohne daß es einer Zustimmung der Erziehungsberechtigten bedarf[24]. Wird danach die Abmeldung vom Religionsunterricht erklärt, so muß diese keineswegs mit dem Austritt aus der Religionsgemeinschaft verbunden sein[25]. Das Recht zur Abmeldung vom Religionsunterricht bei gleichzeitigem Verbleib in der Kirche läßt damit differenzierten, insbesondere speziell auf den Religionsunterricht bezogenen persönlichen Haltungen Raum.

Macht ein Schüler von seinem Recht auf Abmeldung vom Religionsunterricht Gebrauch, so entfällt im Wege dieser Ausnahmeregelung die rechtliche Verpflichtung des Schülers, das Pflichtfach Religionsunterricht zu besuchen[26]. Dies ergibt sich im übrigen ohne weiteres aus der Systematik der §§ 104, 108 NSchG, welche für die „Abmeldung" den Terminus der „Nichtteilnahme am Religionsunterricht" (§ 108 S. 3 NSchG) verwenden. § 104 Abs. 2 und 3 NSchG knüpfen für den Besuch des Ersatzunterrichts ausschließlich an diese Nichttteilnahme am Religionsunterricht an.

Nehmen Schüler danach aufgrund der Abmeldung vom Religionsunterricht oder fehlender Zugehörigkeit zu einer Religionsgemeinschaft nicht am Religionsunterricht teil, so besteht entweder gemäß § 104 Abs. 2 NSchG die Möglichkeit der Anmeldung zum religionskundlichen Unterricht[27] bzw. gemäß § 104 Abs. 3 NSchG die Verpflichtung zum

---

[23] RGBl. S. 939, 1263.
[24] *(Seyderhelm /) Nagel*, NSchG (Anm. 9), § 108, Anm. 2. — Mit der Erreichung dieser Altersgrenze endet nicht nur das elterliche Bestimmungsrecht über die Teilnahme des Kindes am Religionsunterricht überhaupt, sondern auch darüber, ob es am Religionsunterricht des eigenen oder eines anderen Bekenntnisses teilnimmt. In diesem Fall sollen Eltern dann, wenn dem Kind die Zulassung zum fremdkonfessionellen Religionsunterricht versagt wird, nicht klagebefugt sein (so OVG Koblenz, in: DÖV 1981, S. 586 ff.; die gegen diese Entscheidung eingelegte Revision hat das BVerwG mit Beschl. vom 22. 10. 1981 [Az.: BVerwG 7 B 175.80] zugelassen). Vgl. auch BVerwG, in: DÖV 1982, S. 249.
[25] *v. Busse*, Gemeinsame Angelegenheiten (Anm. 8), S. 128 f.; *Theodor Maunz*, Der Religionsunterricht in verfassungsrechtlicher und vertragskirchenrechtlicher Sicht, Gutachten, hrsg. vom Bay. Staatsministerium f. Unterricht u. Kultus, München 1974, S. 37 f.; *Friesenhahn*, Religionsunterricht und Verfassung (Anm. 21), S. 85; BGH, in: NJW 1956, S. 1794 (1796).
[26] *Dieter Deuschle*, Kirche und Schule nach dem Grundgesetz, Diss. jur., Tübingen 1968, S. 173; *Hans Peters*, Elternrecht, Erziehung, Bildung, Schule, in: Karl August Bettermann / Hans Carl Nipperdey / Ulrich Scheuner (Hrsg.), Die Grundrechte, Bd. IV/1, Berlin 1960, S. 369 (414 f.); *Link*, Religionsunterricht (Anm. 6), S. 517.
[27] Gem. § 2 des Vertrages zwischen dem Land Niedersachsen und der Freireligiösen Landesgemeinschaft Niedersachsen vom 8. 6. 1970 (Nds.GVBl. S. 505), abgedr. bei *Weber*, Die deutschen Konkordate (Anm. 3), Bd. 2, S. 225 ff., hat sich das Land Niedersachsen verpflichtet, darauf bedacht zu bleiben, daß der

Besuch des sich mit Werten und Normen befassenden Unterrichts. Die Einführung eines solchen obligatorischen Ersatzunterrichts begegnet keinen verfassungsrechtlichen Bedenken. Weder erstreckt sich das nach Art. 7 Abs. 2 GG garantierte Bestimmungsrecht auf einen religiös neutralen Unterricht, noch wird durch ein solches Schulfach ein Gewissenszwang ausgeübt[28].

Die Abmeldemöglichkeit vom Religionsunterricht soll allein der Gewissensfreiheit der Schüler, nicht aber der Erlangung von Freistunden dienen. Alle Schüler haben demnach in dem in § 104 Abs. 2 und 3 NSchG geregelten Umfang am Religionsunterricht ihrer Konfession teilzunehmen, sofern nicht gemäß § 108 S. 3 NSchG schriftlich die Abmeldung vom Religionsunterricht erklärt ist.

Vor dem Hintergrund dieser insgesamt als weitestgehend geklärt zu betrachtenden Rechtslage bedarf es weiterer Untersuchung, ob sich etwas anderes speziell für den Bereich der reformierten Oberstufe aus der gewandelten, auch den Religionsunterricht einbeziehenden Unterrichtssituation sowie aus der erst in jüngerer Zeit verstärkt diskutierten Problematik der Teilnahme von nicht-konfessionszugehörigen Schülern am Religionsunterricht ergibt.

II. Die konfessionelle Öffnung des Religionsunterrichts in der reformierten Oberstufe

1. Die Besonderheiten des Religionsunterrichts in der gymnasialen Oberstufe, insbesondere in der niedersächsischen Oberstufenreform

Im Zuge der Oberstufenreform ist das System der bisherigen Jahrgangsklassen 11 bis 13 in ein differenziertes System von Grund- und Leistungskursen umgewandelt worden. Gemäß § 4 Abs. 1 Nr. 3 NSchG ist die gymnasiale Oberstufe Teil des Sekundarbereichs II und umfaßt die genannten Jahrgangsstufen der allgemeinbildenden Gymnasien (§ 10 NSchG), der Fachgymnasien (§ 12 Abs. 6 NSchG) sowie der Gesamtschulen (§ 13 NSchG), sofern diese zur allgemeinen Hochschulreife führen. Gemäß der „Vereinbarung zur Neugestaltung der gymnasialen Oberstufe in der Sekundarstufe II", die am 7. Juli 1972 von der Ständigen Konferenz der Kultusminister der Länder in der Bundesrepublik

---

religionskundliche Unterricht neben dem Religionsunterricht im Sinne der christlichen Bekenntnisse gleichberechtigt erteilt wird.

[28] BVerwG, in: ZevKR 19 (1973), S. 323 (324); *Deuschle*, Kirche und Schule (Anm. 26), S. 174; *Friesenhahn*, Religionsunterricht und Verfassung (Anm. 21), S. 87; *Link*, Religionsunterricht (Anm. 6), S. 529 f.

Deutschland beschlossen wurde[29], ist durch Erlaß des niedersächsischen Kultusministers vom 29. April 1977[30] die Ordnung der neugestalteten gymnasialen Oberstufe im Sekundarbereich II erfolgt.

Für die Stellung des in das Kursgefüge einbezogenen Religionsunterrichts in der Sekundarstufe II besteht weitgehende Einigkeit darüber, daß der institutionellen Garantie des Art. 7 Abs. 3 GG bei Einbeziehung des Religionsunterrichts in den Pflichtbereich genügt ist[31]. Der Begriff des „ordentlichen Lehrfachs" beabsichtigt keine Privilegierung des Religionsunterrichts durch einen Zwang zur Unterrichtung in Jahrgangsklassen, sondern schließt eine Anpassung an neue faktische Gegebenheiten durch eine fortzuentwickelnde Interpretation des Art. 7 Abs. 3 S. 1 GG nicht aus[32].

Auch in bezug auf die staatskirchenvertragliche Lage kann diese verfassungsinterpretatorische Fortentwicklung zugrunde gelegt werden[33], so daß Art. 7 Abs. 1 S. 1 Niedersächsisches Konkordat, Art. 21 S. 1 Reichskonkordat einer Neugestaltung des Religionsunterrichts in der Sekundarstufe II ebenfalls nicht entgegenstehen. Geboten ist lediglich, daß der spezifische Gehalt des verfassungs- und kirchenvertragsrechtlich vorausgesetzten Religionsunterrichts erhalten bleibt.

Die Ordnung der neugestalteten Oberstufe im Sekundarbereich II für das Land Niedersachsen (s. oben S. 20) wird grundsätzlich bezüglich ihrer den Religionsunterricht betreffenden Regelungen den Ansprüchen eines „ordentlichen Lehrfaches" gerecht. Religionslehre ist gemäß Ziff. 5.1.3 des Erlasses 1977 dem gesellschaftswissenschaftlichen Aufgabenfeld zugeordnet. Im Vorsemester ist der Religionsunterricht als zweistündiger Kurs (Ziff. 10.2.3 Erlaß 1977; Ziff. 2.1 Erlaß RU 1980) ge-

---

[29] Gemeinsames Amtsblatt 1973, S. 62.
[30] SVBl. 1977, S. 127 (im folgenden zit.: Erlaß 1977); geändert durch Erlaß vom 27. 6. 1979, in: SVBl. 1979, S. 185; geändert durch den vorliegend zu beurteilenden Erlaß vom 14. 5. 1980, in: SVBl. 1980, S. 231.
[31] *Alexander Hollerbach,* Religionsunterricht in der reformierten gymnasialen Oberstufe, Dokumentation und gutachtliche Stellungnahme zur Rechtslage in Baden-Württemberg vom 15. 9. 1975, in *diesem* Band, S. 79 ff. (96); *v. Busse,* Gemeinsame Angelegenheiten (Anm. 8), S. 49; Entschließung des Rates der EKD zum Religionsunterricht in der Sekundarstufe II vom 19. 10. 1974, hrsg. von der Kirchenkanzlei der EKD, Hannover 1974, S. 20; vgl. auch *Link,* Religionsunterricht (Anm. 6), S. 534 f.
[32] *Friesenhahn,* Religionsunterricht und Verfassung (Anm. 21), S. 74 f.; *Ulrich Scheuner,* Normative Gewährleistungen und Bezugnahme auf Fakten im Verfassungstext, in: Öffentliches Recht und Politik. Festschrift für Hans Ulrich Scupin, Berlin 1973, S. 322 (327, 340); *Scheuner,* Rechtsgutachten (Anm. 20), S. 63 f.; *Link,* Religionsunterricht (Anm. 6), S. 534; *Hollerbach,* Religionsunterricht in der Oberstufe (Anm. 31), S. 95; *Axel Frhr. von Campenhausen,* Staatskirchenrechtliche Rückwirkungen der Reform der gymnasialen Oberstufe, in: DVBl. 1976, S. 609 (611).
[33] *Hollerbach,* Religionsunterricht in der Oberstufe (Anm. 31), S. 95.

mäß Ziff. 10.2.1 lit. d. sowie 10.3 Erlaß 1977 dem Pflichtbereich zugeordnet. Im voll entwickelten Kurssystem hat der Schüler in vier Halbjahren mindestens zwei dreistündige oder drei zweistündige Kurse in Religionslehre zu belegen (Ziff. 11.1.3 Erlaß 1977; Ziff. 2.2 Erlaß RU 1980). Gemäß Ziff. 5.2.2 und 5.2.3 Erlaß 1977 kann Religionslehre als Leistungs- und Grundkursfach angeboten und vom Schüler als Prüfungsfach gewählt werden (Ziff. 5.2, 11.1.4 Erlaß 1977; Ziff. 2.3 Erlaß RU 1980).

Da sich die Gesamtqualifikation für das Abitur aus den Punktzahlen aus Grund- und Leistungskursen sowie der Abiturprüfung ergibt (Ziff. 13.3.2 Erlaß 1977), ist die in Religionslehre erteilte Note für die erzielte Gesamtqualifikation relevant. An dem Charakter als Pflichtfach hat sich demnach für die Sekundarstufe II für den Religionsunterricht in Niedersachsen nichts geändert.

2. Rechtsfragen der Öffnung des Religionsunterrichts für nicht-konfessionsangehörige Schüler

Die Frage nach dem zulässigen Umfang jeder konfessionellen Öffnung des Religionsunterrichts ist eng mit derjenigen verknüpft, inwieweit zu seinen verfassungskräftig festgeschriebenen Merkmalen auch die bekenntnismäßige Homogenität von Schülern und Lehrern rechnet. Von der Lösung dieses — umstrittenen — Problems hängt nicht zuletzt die Bestimmung von Ausmaß und rechtlichen Grenzen einer möglichen Fortentwicklung im Hinblick auf die inhaltliche Gestaltung des Religionsunterrichts ab.

a) Reformvorstellungen der evangelischen und katholischen Kirche

Im Zusammenhang mit der Reform der gymnasialen Oberstufe haben sich die katholische und evangelische Seite — in Einzelheiten divergierend — zum Grundsatz der konfessionellen Schülerhomogenität und zur Wahlmöglichkeit von Schülern für den konfessionsfremden Religionsunterricht geäußert[34].

Beide Stellungnahmen gehen einheitlich davon aus, daß die Schüler jeweils den Religionsunterricht ihrer Konfession besuchen. Übereinstimmung besteht ferner darin, daß den Schülern der Sekundarstufe II

---

[34] Erklärung zum Religionsunterricht vom 17.12.1970, erarbeitet im Auftrag der Deutschen Bischofskonferenz von der Sonderkommission für Fragen des Religionsunterrichts in den Schulen, abgedr. in: ArchkathKR 140 (1971), S. 544 ff.; sowie die genannte EKD-Entschließung (Anm. 31).

eine Beteiligung am Religionsunterricht des anderen Bekenntnisses nicht nur in Ausnahmefällen ermöglicht werden soll[35]. Divergenzen bestehen dagegen hinsichtlich des dem Schüler für den Besuch des konfessionsfremden Unterrichts eingeräumten zeitlichen Umfangs. Insbesondere die Diskussion um die Regelung des Religionsunterrichts der Sekundarstufe II in Baden-Württemberg hat hier zu kontroversen Stellungnahmen aus juristischer Sicht geführt[36].

Während der Rat der Evangelischen Kirche in Deutschland Schülern die Teilnahme am Religionsunterricht eines anderen als des eigenen Bekenntnisses ohne weitere Vorgaben in einem näher zu regelnden Umfang ermöglichen will, hat nach Mitteilung des Katholischen Büros Niedersachsen der Ständige Rat der Deutschen Bischofskonferenz am 16. Dezember 1974 beschlossen, im Pflichtbereich eine Teilnahme katholischer Schüler am Religionsunterricht eines anderen christlichen Bekenntnisses nur ausnahmsweise und auch nur dann zu gestatten, wenn sichergestellt ist, daß die katholischen Schüler mindestens die Mehrzahl der Kurse bzw. die Mehrzahl der Gesamtstundenzahl in katholischer Religionslehre belegen.

Derzeit bestehen in den einzelnen Bundesländern unterschiedliche Regelungen. Nach einem Erlaß des Kultusministers von Baden-Württemberg[37] können Schüler in den Jahrgangsstufen 11 bis 13 der Gymnasien weniger als die Hälfte des Religionsunterrichts insgesamt, d. h. höchstens zwei Schulhalbjahre bzw. zwei Kurse im Religionsunterricht der anderen Konfession besuchen. Vorausgesetzt ist die Zustimmung der eigenen Religionsgemeinschaft sowie derjenigen, deren Religionsunterricht besucht werden soll. In einer Vereinbarung zwischen den beteiligten evangelischen Kirchen und katholischen Diözesen in Baden-Württemberg[38] wird dieser Regelung zugestimmt, „sofern nicht in besonderen Fällen von den kirchlichen Oberbehörden Einwendungen bestehen".

Anders ist dagegen etwa die Rechtslage in Bayern, wo katholischen Kollegiaten ein Wahlrecht zwischen dem Religionsunterricht der eige-

---

[35] Erklärung der Deutschen Bischofskonferenz (Anm. 34), S. 545 (unter I 5); EKD-Entschließung (Anm. 31), S. 3.

[36] Vgl. hierzu die Gutachten von *Maunz*, Religionsunterricht (Anm. 25); *Hollerbach*, Religionsunterricht in der Oberstufe (Anm. 31), S. 79 ff.; und den im wesentlichen mit seinem Gutachten vom 29. 12. 1975 identischen Aufsatz von *v. Campenhausen*, Staatskirchenrechtliche Rückwirkungen (Anm. 32), S. 609 ff.

[37] Kultus und Unterricht, 1976, S. 1430; abgedr. bei *Hollerbach*, Religionsunterricht in der Oberstufe (Anm. 31), S. 79 (Ziff. 2).

[38] Kultus und Unterricht, 1976, S. 1430; abgedr. bei *Hollerbach*, Religionsunterricht in der Oberstufe (Anm. 31), S. 81 f.

nen und der anderen Konfession bisher nicht eingeräumt ist[39]. Ebenso erhalten nach einem Runderlaß des schleswig-holsteinischen Kultusministers zum katholischen Religionsunterricht in der neugestalteten gymnasialen Oberstufe katholische Schüler grundsätzlich katholischen Religionsunterricht[40]. Dieser Regelung entspricht auch in Niedersachsen die nach Ziff. 4.1 Erlaß RU 1980 bestehende Teilnahmepflicht von katholischen Schülern ausschließlich an Kursen in katholischer Religionslehre.

b) Die konfessionelle Schülerhomogenität als Verfassungsprinzip?

Einzelne Autoren entnehmen dem in Art. 7 Abs. 2 und 3 GG sowie dem in anderen Bestimmungen verwendeten Begriff des „Religionsunterrichts" ein von Rechts wegen bestehendes Gebot der konfessionellen Homogenität von Lehrinhalt, Lehrperson und Schülerschaft[41].

Bei der Teilnahme am Religionsunterricht durch einen nichtkonfessionsangehörigen Schüler soll es sich danach für diesen um einen bloßen Informationsunterricht im Sinne eines sonstigen Schulfachs handeln, welches nicht Gegenstand staatlicher Benotung und Anrechnung als Religionsunterricht sein könne[42]. Dieser Auffassung ist entgegenzuhalten, daß Art. 7 Abs. 2 und 3 GG ihrem Wortlaut nach eine Aussage über die konfessionelle Homogenität der Schülerschaft nicht treffen[43]. Auch Art. 7 Niedersächsisches Konkordat, Art. 21 Reichskonkordat setzen die Zugehörigkeit zur katholischen Kirche für einen den katholischen Religionsunterricht besuchenden Schüler nicht voraus. Namentlich die evangelische Kirche hat auch bislang schon bei Vorliegen besonderer Umstände Angehörige anderer Konfessionen und zumal verwandter Bekenntnisse in ihren Religionsunterricht aufgenommen[44]. Dies insbesondere dort, wo wegen mangelnder Mindestteilnehmerzahlen ein eigener Religionsunterricht der jeweiligen Religionsgemeinschaft nicht zustande gekommen ist. Immer bildete die Grundlage jedoch eine entsprechende Vereinbarung der betroffenen Kirchen. Lag diese vor, so handelte es sich in allen diesen Fällen nicht nur um bloßen „Informationsunterricht" für den konfessionsfremden Schüler.

---

[39] *v. Busse,* Gemeinsame Angelegenheiten (Anm. 8), S. 65, Fn. 115.
[40] Runderlaß des KM vom 27. Mai 1977, in: NBl. KM 1977, S. 208.
[41] *Maunz,* Religionsunterricht (Anm. 25), S. 3 ff., 9, 47; *Maunz (/ Dürig / Herzog / Scholz),* GG (Anm. 5), Art. 7, Rdnr. 52.
[42] *Maunz,* Religionsunterricht (Anm. 25), S. 32 f., 47.
[43] BayVGH, in: DVBl. 1981, S. 44 (45); so auch *Maunz,* Religionsunterricht (Anm. 25), S. 43.
[44] *v. Campenhausen,* Staatskirchenrechtliche Rückwirkungen (Anm. 32), S. 611; *Schmoeckel,* Religionsunterricht (Anm. 5), S. 136 f.; EKD-Entschließung (Anm. 31), S. 13.

Eine ähnliche Situation für die katholische Kirche ergibt sich bei der Zulassung orthodoxer Kinder zum katholischen Religionsunterricht im Falle etwaiger Vereinbarungen mit der griechisch-orthodoxen Metropolie oder anderen zuständigen Jurisdiktionsträgern[45].

Aber auch in sich ist die These von einer nur informellen Teilnahme der nicht-konfessionsangehörigen Schüler nicht widerspruchsfrei, da auch eine solche Information eine gewisse bekenntnismäßige Offenheit des Religionsunterrichts voraussetzt, die von den Vertretern des Homogenitätsprinzips gerade bestritten wird[46].

Die konfessionelle Schülerhomogenität[47] mag namentlich in früheren Zeiten weitgehend der Lebenswirklichkeit entsprochen haben; die Interpretation der Verfassungsartikel über den Religionsunterricht muß

---

[45] Derartige Vereinbarungen bedürften einer gesonderten Untersuchung; allgemein zu den kirchenverfassungsrechtlichen Fragen der Jurisdiktionsgewalt im orthodoxen Kirchenrecht vgl. *Christoph Link*, Die Russisch-Orthodoxen Exilkirchen in Deutschland und ihr Kirchengut, in: ZevKR 23 (1978), S. 89 (107 ff.) m. w. N.

[46] Wie hier *Walter Leisner*, Können Schüler an Bayerischen Schulen am katholischen Religionsunterricht teilnehmen, obwohl sie nicht katholisch sind? Rechtsgutachten vom 10. 3. 1979 (unveröffentlicht), S. 31 ff.

[47] Über die Frage, ob die missio canonica bzw. vocatio ausschließlich an konfessionsangehörige Lehrer erteilt werden darf, trifft das staatliche Recht keine ausdrückliche Bestimmung. Zwar ist grundsätzlich vorausgesetzt, daß die Lehrkräfte dem jeweiligen Bekenntnis angehören, da nur unter dieser Voraussetzung eine gewisse Gewähr für die Übereinstimmung mit den Grundsätzen der jeweiligen Religionsgemeinschaft besteht (*Link*, Religionsunterricht [Anm. 6], S. 523, Fn. 109; *Schmoeckel*, Religionsunterricht [Anm. 5], S. 67 f. m. w. N.; *Deuschle*, Kirche und Schule [Anm. 26], S. 156 f.; ebenso grundsätzlich — wenn auch mit gänzlich anderem Ausgangspunkt — *Ehlers*, Entkonfessionalisierung [Anm. 15], S. 79 f.; weitergehend *Leisner*, Rechtsgutachten [Anm. 46], S. 28 ff.; zur missio canonica vgl. Art. 7 Abs. 3 Niedersächsisches Konkordat sowie zur kirchlichen Lehrbevollmächtigung im allgemeinen v. *Busse*, Gemeinsame Angelegenheiten [Anm. 8], S. 100 ff.; *Link*, Religionsunterricht [Anm. 6], S. 536 f.; *Walter Leisner*, Das staatliche Aufsichtsrecht über den Religionsunterricht unter besonderer Berücksichtigung der Lehrpläne und Lehrmittel, hrsg. vom Katholischen Schulkommissariat II in Bayern, München 1976, S. 58 f.). Doch sind Ausnahmen zumindest dort zulässig, wo bekenntnisverwandte Kirchen Vereinbarungen über die gegenseitige Gewährung der Bevollmächtigung getroffen haben, so etwa die am 1. April 1981 in Kraft getretene Vereinbarung über die Erteilung evangelischer Religionslehre durch Mitglieder einer Freikirche zwischen dem Bund Freier Evangelischer Gemeinden, dem Bund Evangelisch-Freikirchlicher Gemeinden und der Evangelisch-methodistischen Kirche einerseits und der Evangelischen Kirche im Rheinland, der Evangelischen Kirche von Westfalen und der Lippischen Landeskirche andererseits, abgedr. im Kirchlichen Amtsblatt der Ev. Kirche von Westfalen, Nr. 6 vom 31. Juli 1981, S. 142 f. Eine solche Vereinbarung ist für das staatliche Recht bindend, da die Kirchen dadurch anerkennen, daß auch der von einem Lehrer der anderen Gemeinschaft erteilte Religionsunterricht ihren Grundsätzen entspricht und dadurch der Grundsatz der Konfessionalität des Religionsunterrichts nicht verletzt wird. Ob dies auch für Vereinbarungen deutlich bekenntnisdifferenter Konfessionen gilt, braucht vorliegend nicht entschieden zu werden.

indes ebenso wie die Verfassung insgesamt in die Zeit hinein offenbleiben und die Bewältigung sich wandelnder Problemlagen ermöglichen[48].

Wird danach unter dem Einfluß neuerer religionspädagogischer Ansätze die religiöse Mehrinformation als Teilfunktion des schulischen Bildungsauftrags betrachtet und eine diesem didaktischen Lernziel entsprechende beweglichere Form der Darbietung des Religionsunterrichts befürwortet, so kann — wiewohl das nicht unumstritten ist[49] — dem ein verfassungsrechtlich festgeschriebenes striktes Prinzip der konfessionellen Schülerhomogenität nicht entgegengehalten werden[50]. Die konfessionelle Positivität und Gebundenheit des Religionsunterrichts ist bereits hinreichend durch den konfessionellen Unterrichtsinhalt sowie die kirchliche Bevollmächtigung der Lehrer gesichert. Allerdings ist im Gegensatz zur Teilnahme von Schülern am Religionsunterricht ihres Bekenntnisses für den Besuch durch ein *nicht*-konfessionsangehöriges Kind in jedem Falle eine Anmeldung erforderlich[51].

*c) Modifikation der „Grundsätze"
bei der Zulassung nicht-konfessionsangehöriger Schüler
auf seiten der aufnehmenden Religionsgemeinschaft*

Nehmen konfessionslose oder -fremde Schüler am Religionsunterricht teil, so hat dies Einfluß auf die innere Gestaltung des Religionsunterrichts und auf die Modalitäten der Vermittlung von Glaubenssätzen[52]. Die Zulassung bekenntnisloser oder -fremder Schüler zum Religionsunterricht gehört danach zu den insoweit berührten „Grundsätzen" im Sinne des Art. 7 Abs. 3 S. 2 GG, welche allein von der jeweiligen Religionsgemeinschaft festzulegen sind[53].

---

[48] Hierzu allgemein: *Konrad Hesse*, Grundzüge des Verfassungsrechts der Bundesrepublik Deutschland, 13. Aufl., Karlsruhe 1982, S. 15 ff.

[49] *Hollerbach*, Religionsunterricht in der Oberstufe (Anm. 31), S. 94; vgl. auch BVerwG, Beschl. vom 22. 10. 1981 (7 C 77.80), S. 4 (auszugsweiser Abdruck in: DÖV 1982, S. 248 f. [248] = ZevKR 27 [1982], S. 195 ff. [196] mit Anm. von *Heinzel*).

[50] BayVGH, in: DVBl. 1981, S. 44 (45 f.); grundsätzlich zust. BVerwG, Beschl. vom 22. 10. 1981 (7 C 77.80), S. 4 = DÖV 1982, S. 248 = ZevKR 27 (1982), S. 197; *v. Campenhausen*, Staatskirchenrechtliche Rückwirkungen (Anm. 32), S. 610 f., 614.

[51] *(Seyderhelm /) Nagel*, NSchG (Anm. 9), § 108, Anm. 3.

[52] BayVGH, in: DVBl. 1981, S. 44 (46); *Leisner*, Rechtsgutachten (Anm. 46), S. 38 ff.

[53] BayVGH, in: DVBl. 1981, S. 44 (46); *v. Campenhausen*, Staatskirchenrechtliche Rückwirkungen (Anm. 32), S. 611 f.; OVG Koblenz, in: NJW 1979, S. 941 (942); *Hollerbach*, Religionsunterricht in der Oberstufe (Anm. 31), S. 98; *Link*, Religionsunterricht (Anm. 6), S. 535, Fn. 170.

Sofern in Fortentwicklung der jeweiligen Grundsätze eine solche Zulassung befürwortet wird, ist dies vom Staat prinzipiell als verbindlich anzuerkennen. Zutreffend wird darauf verwiesen, daß das Übereinstimmungsgebot des Art. 7 Abs. 3 S. 2 GG ein von den Religionsgemeinschaften beeinflußbares „bewegliches Element" enthält[54]. Es ist kein Grund sichtbar, weshalb die beteiligten Religionsgemeinschaften von Verfassungs wegen an jeglicher Fortentwicklung ihrer Grundsätze gehindert und damit gezwungen sein sollten, bestimmte überkommene Formen des Religionsunterrichts als unwandelbar hinzunehmen. Auch ein gewandeltes Selbstverständnis von Aufgabe und Ausrichtung des Religionsunterrichts kann danach in die Schulpraxis eingebracht werden.

Betrifft die Zulassung bekenntnisfremder oder konfessionsloser Schüler die Grundsätze der Religionsgemeinschaften, so ist für eine dementsprechende Öffnung des Religionsunterrichts allein die jeweilige kirchliche Entscheidung maßgeblich. Art. 7 Abs. 3 S. 2 GG stellt einen Ausfluß der innerkirchlichen, verfassungsrechtlich durch Art. 140 GG / 137 Abs. 3 S. 1 WRV gesicherten Autonomie in Glaubensfragen dar[55] und verpflichtet den religiös-weltanschaulich neutralen Staat zur Anerkennung der für die Unterweisung bestehenden Grundsätze. Ihm ist es verwehrt, eigenmächtig eine inhaltliche Gestaltung des Religionsunterrichts vorzunehmen. Entgegen der Bestimmung der Religionsgemeinschaft dürfen dieser bekenntnisfremde oder -lose Schüler nicht aufgedrängt werden[56].

d) Rechtsfolgen der Zulassung nicht-konfessionsangehöriger Schüler

Ist dem Schüler in Übereinstimmung mit dem Recht seiner Kirche der Besuch des Religionsunterrichts des anderen Bekenntnisses gestattet, so treten besondere rechtliche Probleme nicht auf. Öffnet eine Religionsgemeinschaft ihren Religionsunterricht für Schüler der Schwesterkonfession, so modifiziert sie damit in zulässiger Weise ihre „Grundsätze"[57]. Der so veranstaltete Religionsunterricht bleibt ein solcher in

---

[54] v. *Campenhausen*, Staatskirchenrechtliche Rückwirkungen (Anm. 32), S. 611; v. *Busse*, Gemeinsame Angelegenheiten (Anm. 8), S. 64; *Müller / Pieroth*, Religionsunterricht (Anm. 7), S. 34 f.

[55] BayVGH, in: DVBl. 1981, S. 44 (46); *Hansjosef Mayer-Scheu*, Grundgesetz und Parität von Kirchen und Religionsgemeinschaften, Mainz 1970, S. 268 f.

[56] BayVGH, in: DVBl. 1981, S. 44 (46); OVG Koblenz, in: NJW 1979, S. 941 (942); *Leisner*, Rechtsgutachten (Anm. 46), S. 28, 48; v. *Busse*, Gemeinsame Angelegenheiten (Anm. 8), S. 67.

[57] Siehe oben S. 26.

der von der Verfassung, den Staatskirchenverträgen und dem einfachen Gesetzesrecht vorausgesetzten Form[58].

Für evangelische Schüler in der niedersächsischen reformierten Oberstufe, denen nach dem Recht ihrer Konfession und in dem in Ziff. 3.1 Erlaß RU 1980 näher geregelten Umfang die Belegung von Kursen in katholischer Religionslehre ermöglicht ist, bedarf es danach einer entsprechenden Entscheidung der zuständigen Kirchenbehörden der katholischen Kirche über die dementsprechende Öffnung ihres Religionsunterrichts. Es kann davon ausgegangen werden, daß insoweit das gemäß § 105 S. 2 NSchG erforderliche Einvernehmen mit der katholischen Kirche hergestellt worden ist.

Besuchen hiernach evangelische Schüler in dem in Ziff. 3.1 Erlaß RU 1980 geregelten Umfang und nach Zustimmung der Fachkonferenz der katholischen Religionslehrer (Ziff. 3.3 Erlaß RU 1980) Kurse in katholischer Religionslehre, ist eine Abmeldung vom Unterricht in evangelischer Religionslehre nicht erforderlich[59]. Vielmehr nimmt ein Schüler, der in Übereinstimmung mit dem Recht seiner Kirche zu Religionskursen der anderen Konfession zugelassen wird, in rechtlich zulässiger Weise am Religionsunterricht teil.

e) Konfessionelle Überfremdung als Grenze der Öffnung

Im Ansatz unstreitig ist, daß einem *beliebigen* Teilnahmerecht von nicht-konfessionsangehörigen Schülern der von der Verfassung garantierte und vorausgesetzte sachliche Gehalt des Religionsunterrichts entgegensteht. Dies bedeutet von vornherein, daß lediglich geordnete Formen begrenzter wechselseitiger Öffnung des Religionsunterrichts in Frage kommen[60]. Ein erdrückendes Übergewicht von konfessionsfremden oder konfessionslosen Schülern würde danach die verfassungsmäßig vorausgesetzte Gestalt des Religionsunterrichts entscheidend verändern[61]. Dementsprechend hat die Evangelische Kirche in Deutschland ausdrücklich die Teilnahme von Schülern eines anderen als des eigenen Bekenntnisses „nur in einem näher zu regelnden Umfang" in Aussicht genommen[62].

---

[58] *v. Campenhausen*, Staatskirchenrechtliche Rückwirkungen (Anm. 32), S. 612; *v. Busse*, Gemeinsame Angelegenheiten (Anm. 8), S. 67.
[59] *v. Campenhausen*, Staatskirchenrechtliche Rückwirkungen (Anm. 32), S. 612; *Hollerbach*, Religionsunterricht in der Oberstufe (Anm. 31), S. 104.
[60] Dazu näher unten S. 40.
[61] *Hollerbach*, Religionsunterricht in der Oberstufe (Anm. 31), S. 102 f., 107 f.; *v. Campenhausen*, Staatskirchenrechtliche Rückwirkungen (Anm. 32), S. 611 f.; EKD-Entschließung (Anm. 31), S. 16.
[62] EKD-Entschließung (Anm. 31), S. 3 f.

In jedem Falle läßt sich mit *Leisner*[63] feststellen, daß dem Erfordernis einer „bekenntnisangehörigen Basis" für die Erteilung des konfessionsgebundenen Religionsunterrichts Rechnung getragen werden muß. Als problematisch erscheint es jedoch, wenn *Leisner* diese konfessionelle Basis mit der schulrechtlich vorausgesetzten Mindestfrequenzzahl identifiziert. Für Niedersachsen würde dies bedeuten, daß von einer konfessionellen Überfremdung dann nicht gesprochen werden kann, wenn mindestens 12 bekenntnisangehörige Schüler am Religionsunterricht teilnehmen. Richtiger erscheint es, allein auf die konkrete Zahlenrelation von bekenntnisangehörigen und -fremden Schülern in einem Kurs abzustellen. Die Frage bedarf hier indes keiner Vertiefung.

Jedenfalls aber ergibt sich aus diesem Gesichtspunkt für die Zulassung konfessionsfremder Schüler zu Kursen in evangelischer bzw. katholischer Religionslehre zwingend auch eine rechtliche Begrenzung für die gemäß Ziff. 3.3 und 4.3 Erlaß RU 1980 erforderliche Zustimmung der Fachkonferenz der katholischen bzw. evangelischen Religionslehrer.

III. Möglichkeiten und Grenzen einseitiger konfessioneller Öffnung des Religionsunterrichts

Prekäre Rechtsprobleme sind hingegen aufgeworfen, wenn es zwischen mehreren Religionsgemeinschaften zu einer unkoordinierten einseitigen Öffnung des Religionsunterrichts kommt. Dies ist der Fall, wenn lediglich eine von mehreren Religionsgemeinschaften ihren Religionsunterricht für Schüler eines anderen Bekenntnisses öffnet, die daraufhin erfolgende Teilnahme der bekenntnisfremden Schüler hingegen dem Verständnis der eigenen Kirche zuwiderläuft. Zu denken wäre in diesem Falle an eine Lösung dergestalt, daß durch Normen des staatlichen Schulrechts die Teilnahme eines Schülers am fremdkonfessionellen Religionsunterricht ermöglicht wird. Die Zulässigkeit einer solchen Regelung hängt davon ab, ob der Staat zur Berücksichtigung entsprechend modifizierter „Grundsätze" lediglich *einer* Religionsgemeinschaft über die konfessionelle Öffnung ihres Religionsunterrichts berechtigt oder gar verpflichtet ist.

Zwar sind bezüglich der Zulassung von konfessionsfremden Schülern nach den obigen Ausführungen[64] lediglich die „Grundsätze" der zulassenden Religionsgemeinschaft betroffen. Dieser Gesichtspunkt scheint für eine der kirchlichen Grundsatzentscheidung entsprechende schulrechtliche Regelung zu sprechen. Andererseits hätte eine solche staat-

---

[63] *Leisner,* Rechtsgutachten (Anm. 46), S. 65 ff.
[64] Siehe in dieser Arbeit oben unter II 2 c.

liche Entscheidung zur Folge, daß eine Religionsgemeinschaft den Besuch des fremdkonfessionellen Religionsunterrichts durch ihre bekenntnisangehörigen Schüler als ihren eigenen Religionsunterricht anerkennen müßte[65], obwohl diese Unterrichtsteilnahme ihrem eigenen Recht gerade zuwiderläuft.

Die vorbezeichneten Rechtsfragen werden für katholische Schüler durch die Anordnungen des Erlasses RU 1980 aufgeworfen: Katholische Schüler haben in Übereinstimmung mit einer entsprechenden Forderung der zuständigen Kirchenbehörden[66] ihren Belegungsverpflichtungen gemäß Ziff. 4.1 Erlaß RU 1980 grundsätzlich durch Belegung von Kursen in katholischer Religionslehre nachzukommen. Die hiernach vorausgesetzte Teilnahmepflicht ausschließlich an Kursen in Religionslehre der eigenen Konfession — von den Ausnahmefällen der Ziff. 4.1 lit. a und b abgesehen — ist rechtlich nicht zu beanstanden. Ob diese Haltung etwa dem ökumenischen Geist widerspricht[67], ist von dem in weltanschaulicher und religiöser Hinsicht neutralen Staat nicht zu entscheiden[68].

Gleichwohl soll katholischen Schülern eine den Anforderungen der Teilnahme am Religionsunterricht genügende Belegung von Kursen in evangelischer Religionslehre — von den Ausnahmefällen der Ziff. 4.1 lit. a und b Erlaß RU 1980 wiederum abgesehen — dann möglich sein, wenn sie sich gemäß Ziff. 6.1 dieses Erlasses von den Kursen in katholischer Religionslehre abgemeldet haben. Es soll davon ausgegangen werden, daß einem entsprechenden Wunsch eines katholischen Schülers in Übereinstimmung mit der Entschließung der Evangelischen Kirche in Deutschland[69] entsprochen würde.

Entsprechend ist durch Ziff. 6.1 Erlaß RU 1980 auch evangelischen Schülern die ausschließliche Teilnahme an Kursen in katholischer Religionslehre möglich. Ein Abmelderecht in dieser Form verstößt in mehrfacher Hinsicht gegen das geltende Recht, soweit nicht eine lediglich ausnahmsweise Regelung getroffen wird (1) oder eine Öffnung des Religionsunterrichts für konfessionslose Schüler in Rede steht (2).

1. Unbedenklichkeit ausnahmsweiser Regelungen

Nicht zu beanstanden ist zunächst, wenn gemäß Ziff. 3.1 S. 3, 4.1 lit. a Erlaß RU 1980 Ausnahmen für den Fall eines nicht ausreichenden Kursangebots vorgesehen sind. Zwar muß der Religionsunterricht auch in

---

[65] Siehe oben S. 27 f.
[66] Vgl. den Bericht in epd-Informationen Nr. 95/1981, S. 6 f.
[67] So die Kritik des Freckenhorster Kreises, ebd.
[68] *Hollerbach*, Religionsunterricht in der Oberstufe (Anm. 31), S. 101.
[69] EKD-Entschließung (Anm. 31), insbes. S. 15 ff., 23 ff.

der Sekundarstufe II selbständig und gleichberechtigt im Unterrichtsangebot erscheinen. Auch in diesem schulischen Umfeld hat der Staat den Religionsunterricht wie jedes andere ordentliche Lehrfach zu behandeln und ist — die Mindestschülerzahl vorausgesetzt — zum Angebot von Kursen in Religionslehre verpflichtet. Dies ist, wie sich aus Ziff. 9.2 Erlaß RU 1980 ergibt, auch die Auffassung des niedersächsischen Kultusministers. Ein nicht ausreichendes Kursangebot kann demnach aus Rechtsgründen nur in ganz besonders gelagerten Fällen eintreten, kann allerdings insoweit durch besondere schulorganisatorische oder personelle Gründe unvermeidbar sein.

Ebenso unterliegt es keinem Bedenken, daß in Ziff. 3.1 S. 3, 4.1 lit. b Erlaß RU 1980 Mindestteilnehmerzahlen für die Einrichtung und Durchführung von Kursen in evangelischer und katholischer Religionslehre vorausgesetzt sind. Gemäß § 105 S. 2 NSchG ist für religiöse Minderheiten Religionsunterricht einzurichten, wenn mindestens 12 Schüler zur Teilnahme bereit sind. Es ist einhellige Meinung, daß eine solche Festsetzung von Mindestschülerzahlen in dem hier gegebenen quantitativen Rahmen durch die Schulverwaltung zulässig ist[70].

Kommt es nach Maßgabe dieser Ausnahmefälle mit Zustimmung der zuständigen Fachkonferenz zum Besuch des fremdkonfessionellen Religionsunterrichts, ist den Anforderungen eines ordnungsgemäßen Unterrichtsbesuchs genügt.

2. Öffnung des Religionsunterrichts für konfessionslose Schüler

Eine Beurteilung der mit der Zulassung nicht-konfessionsangehöriger Schüler zum Religionsunterricht entstehenden Rechtslage hat grundsätzlich zwischen *konfessionslosen* (ausgetretenen, nicht getauften und auch keiner anderen Religionsgemeinschaft angehörigen) und *konfessionsfremden* Schülern zu differenzieren[71].

Soweit ersichtlich, wird eine derartige Differenzierung in der juristischen Literatur nicht ausdrücklich vorgenommen. Dagegen scheint sich der Bayerische Verwaltungsgerichtshof[72] auszusprechen, wenn hier eine „Abwerbung oder Abwanderung" von Schülern zum fremdkonfessionellen Religionsunterricht pauschal für nicht in den Schutzbereich des Neutralitätsprinzips fallend erklärt wird. Diese Aussage ist indes zu weitgehend und kann als tragende Begründung der im übrigen zu

---

[70] *Link,* Religionsunterricht (Anm. 6), S. 530 m. w. N.; *v. Busse,* Gemeinsame Angelegenheiten (Anm. 8), S. 141 f.
[71] Zur Rechtslage bei konfessionsfremden Schülern vgl. unten S. 33 ff.
[72] BayVGH, in: DVBl. 1981, S. 44 (47); ähnlich *Leisner,* Rechtsgutachten (Anm. 46), S. 68.

einem richtigen Ergebnis gelangenden Entscheidung nicht betrachtet werden. Dem dortigen Sachverhalt lag das Zulassungsbegehren einer bekenntnislosen Realschülerin zum evangelischen Religionsunterricht zugrunde. Rechte einer anderen Religionsgemeinschaft können bei einer derartigen Konstellation von vornherein nicht berührt sein, da für konfessionslose Schüler von Rechts wegen eine Pflicht zum Besuch des Religionsunterrichts und demgemäß auch eine Abmeldungspflicht nicht besteht[73].

Ungeachtet der auf Persönlichkeitsbildung und Wissensvermittlung abzielenden curricularen Konzeption kennzeichnet den Religionsunterricht auch das Bestreben, den Jugendlichen in Konfrontation mit den bekenntnisgeprägten Grundlagen christlicher Verkündigung zu eigener Urteilsbildung und Standortfindung anzuregen[74]. In diesem Sinne kann man sagen, daß ihm zugleich ein Element der Mission innewohnen kann[75]. Gerade dieser Sinngebung kommt angesichts einer sich wandelnden volkskirchlichen Situation eine besondere Bedeutung zu. Da bei konfessionslosen Schülern mitgliedschaftliche Bindungen gegenüber einer Religionsgemeinschaft nicht bestehen, kann maßgeblich auf individualrechtliche Positionen der Schüler bzw. deren Erziehungsberechtigten abgestellt werden. Der gewünschte Besuch des Religionsunterrichts untersteht trotz fehlender Konfessionszugehörigkeit dem Schutz des Art. 4 Abs. 1 GG. Die suchende Hinwendung zu einer Religionsgemeinschaft durch Besuch von deren Religionsunterricht ist zwar noch kein Bekenntnis zu dieser Gemeinschaft, ist aber gleichwohl von dem den innersten Kern der Religionsfreiheit bildenden Grundrecht der Glaubensfreiheit und der damit notwendigerweise mitumschlossenen Glaubenswahlfreiheit umfaßt[76].

§ 5 S. 1 RKEG bestätigt diese Rechtslage, indem hier mit der Wendung „zu dem es sich halten will" ersichtlich nicht kumulativ neben der Entscheidung über den Besuch des Religionsunterrichts auch noch die Konfessionszugehörigkeit vorausgesetzt wird. Der Wortlaut dieser Vorschrift legt es nahe, auch den sich freiwillig und ernsthaft dem Angebot des Religionsunterrichts stellenden konfessionslosen Schüler, welcher eigenverantwortlich die Entscheidung über seine Bekenntniszugehörigkeit vorbereiten möchte, zu schützen und zu fördern[77].

---

[73] Dazu näher auch *Deuschle,* Kirche und Schule (Anm. 26), S. 173.

[74] *Link,* Religionsunterricht (Anm. 6), S. 511 m. w. N.; OVG Koblenz, in: DÖV 1981, S. 586 (587).

[75] Vgl. nur *(Maunz / Dürig /) Herzog (/ Scholz),* GG (Anm. 5), Art. 4, Rdnr. 74.

[76] *Joseph Listl,* Das Grundrecht der Religionsfreiheit (= Staatskirchenrechtliche Abhandlungen, Bd. 1), Berlin 1971, S. 65; BayVGH, in: DVBl. 1981, S. 44 (46 f.); vgl. auch die zwar terminologisch unrichtige, aber doch sachlich zutreffende Entscheidung OLG Saarbrücken, in: KirchE 7, 308.

[77] Vgl. auch OVG Koblenz, in: DÖV 1981, S. 586 f.

Aus staatlicher Sicht besteht keine Veranlassung, einer den jeweiligen Grundsätzen der Religionsgemeinschaften entsprechenden Öffnung des Religionsunterrichts für konfessionslose Schüler entgegenzutreten[78]. Der von Art. 7 Abs. 2 und 3 GG sowie den kirchenvertraglichen Garantien vorausgesetzte Inhalt des Religionsunterrichts bleibt in diesem Falle unangetastet. Eine staatlich angeordnete Unterrichtssperre tangiert vielmehr zusätzlich die von Art. 4 Abs. 1 GG umfaßte Freiheit religiöser Verkündigung als Teil der geschützten Freiheit des religiösen und weltanschaulichen Bekenntnisses; auf dieses kann sich die Kirche bei einer Öffnung ihres Religionsunterrichts für konfessionslose Schüler berufen[79].

Mithin ist es dem Staat versagt, dem Teilnahmewunsch konfessionsloser Schüler am Religionsunterricht durch eine Zugangssperre oder durch diskriminierende Maßnahmen (zusätzliche Auferlegung der Pflicht zum Besuch eines Ersatzunterrichts)[80] zu begegnen. Daher ist es nicht zu beanstanden, wenn der Erlaß RU 1980 gemäß Ziff. 10 ausdrücklich die Teilnahmemöglichkeit von weder einer evangelischen Kirche noch der katholischen Kirche angehörenden Schülern an Kursen in evangelischer oder katholischer Religionslehre vorsieht.

3. Einseitige Öffnung des Religionsunterrichts für konfessionsfremde Schüler

Anderes hat dagegen für die einseitige Öffnung des eigenen Religionsunterrichts für konfessions*fremde* Schüler des anderen Bekenntnisses zu gelten. Ein Eingriff in den Bereich der anderen Kirche muß angesichts einer solchen Sachlage durch die Möglichkeit der Abwerbung oder Abwanderung von Schülern als möglich erscheinen.

Handelt es sich bei der Teilnahme des Schülers am Religionsunterricht der anderen Konfession trotz eines entgegenstehenden Willens der Religionsgemeinschaft des eigenen Bekenntnisses um eine vom staatlichen Recht als benotungs- und abiturfähig anerkannte Unterrichtsteilnahme, so käme es mit der einseitigen kirchlichen Öffnung des Religionsunterrichts für konfessionsfremde Schüler gleichzeitig zu einer einseitigen staatlichen Änderung des von Art. 7 Abs. 2 und 3 GG, Art. 7 Abs. 1 S. 1 Niedersächsisches Konkordat, Art. 21 S. 1 Reichskonkordat

---

[78] So im Ergebnis zutreffend BayVGH, in: DVBl. 1981, S. 44 (47); dem grundsätzlich zust. BVerwG, Beschl. vom 22.10.1981 (7 C 77.80), S. 4 f. = DÖV 1982, S. 248 f. = ZevKR 27 (1982), S. 197.

[79] (*Maunz / Dürig /*) *Herzog* (/ *Scholz*), GG (Anm. 5), Art. 4, Rdnr. 84; *Leisner*, Rechtsgutachten (Anm. 46), S. 61 ff.

[80] So der der Entscheidung des BayVGH, in: DVBl. 1981, S. 44 ff. zugrundeliegende Sachverhalt.

vorausgesetzten Gehalts des Religionsunterrichts. Dies kann nicht Rechtens sein.

a) Verstoß gegen den Pflichtfachcharakter bei Ummeldung

Auch in der reformierten gymnasialen Oberstufe ist jedem Schüler das Recht gewährleistet, sich durch Abmeldung dem Religionsunterricht zu entziehen. Selbstverständlich ist es hiernach, wenn der Erlaß RU 1980 unter Ziff. 6.1 im Falle der Abmeldung eine ersatzweise Belegung von Kursen in Religionskunde oder von sich mit Wertvorstellungen und Normen befassenden Kursen vorsieht. Diese Rechtsfolge der Abmeldung steht in voller Übereinstimmung mit § 108 Abs. 2 und 3 NSchG.

Soweit dagegen Ziff. 6.1 Erlaß RU 1980 dem Schüler nach Abmeldung vom Religionsunterricht seines Bekenntnisses die Möglichkeit zur Belegung von Kursen in der Religionslehre des anderen Bekenntnisses — nach Zustimmung der Fachkonferenz für evangelische bzw. katholische Fachlehrer — eröffnet, kann die vorausgesetzte „Abmeldung" offenbar nicht im Sinne der von § 104 Abs. 2 und 3, § 108 NSchG normierten „Nichtteilnahme am Religionsunterricht" gemeint sein. Vielmehr setzt sich unter den genannten Voraussetzungen trotz einer „Abmeldung" vom Religionsunterricht im Sinne der Ziff. 6.1 Erlaß RU 1980 die Teilnahme am Religionsunterricht fort. Dies bedeutet — im Unterschied zu der sich nach Ziff. 3.1 Erlaß RU 1980 für evangelische Schüler ergebenden Rechtslage[81] — für katholische Schüler, daß sich diese in Widerspruch zur Auffassung der eigenen Kirche setzen. Aus ihrer Sicht liegt hier eine ordnungsgemäße Teilnahme am Religionsunterricht nicht vor. Die „Abmeldung" in ihrer in Ziff. 6.1 Erlaß RU 1980 festgelegten Rechtsnatur muß mithin im Sinne einer vollen Wahlmöglichkeit zwischen der Religionslehre des einen oder des anderen Bekenntnisses verstanden werden. Entgegen Inhalt und Rechtsfolge des gesetzlich garantierten Abmelderechts enthält die „Abmeldung" nach dem Erlaß RU 1980 die Gestalt eines Ummelderechts.

Diese Ummeldung kann nicht als — rechtlich unbedenkliche — Teilnahme an dem anderskonfessionellen Religionsunterricht in Gestalt eines bloßen Informationsunterrichts verfassungskonform interpretiert werden[82]. Grundsätzliche Bedenken gegen den informativen oder gastweisen Besuch fremdkonfessioneller Schüler bestehen nicht, sofern das Einverständnis der zulassenden Religionsgemeinschaft vorliegt. Allerdings handelt es sich in einem derartigen Fall nicht um einen Reli-

---

[81] Siehe oben S. 28.
[82] Zum Informationsunterricht vgl. bereits oben S. 24 sowie *Hollerbach*, Religionsunterricht in der Oberstufe (Anm. 31), S. 105.

gionsunterricht in dem verfassungs- und kirchenvertraglich vorausgesetzten Sinne, so daß eine Benotung und Anrechnung auf die Gesamtqualifikation nicht in Betracht kommt[83].

Die vorliegend zu beurteilende Ummeldemöglichkeit läßt dagegen über eine schlichte Teilnahme hinaus und unter ausdrücklicher Befreiung vom Ersatzunterricht auch die zählende Benotung der Kurse in der Religionslehre des anderen Bekenntnisses zu. Dem steht der Wortlaut der Ziff. 7 S. 1 Erlaß RU 1980 nicht entgegen. Diese Vorschrift bezieht sich zwar ausdrücklich nur auf die Ziff. 3 und 4 Erlaß RU 1980, will aber ersichtlich nicht die Benotung und Anrechnung von Kursen des anderen Bekenntnisses nach Abmeldung vom Religionsunterricht ausschließen, sondern lediglich die Person des für die Benotung zuständigen Kursleiters bestimmen.

In der vorliegenden Form entfällt danach der auch für die Sekundarstufe II vorausgesetzte Pflichtfachcharakter des Religionsunterrichts aufgrund des faktisch zum Wahl(pflicht)fachsystem führenden Ummelderechts. Dies deshalb, da der Besuchspflicht zum Religionsunterricht ohne schulrechtlich relevante Abmeldung durch Belegung von Kursen der Religionslehre der einen oder der anderen Konfession Rechnung getragen werden soll. Ein derartiges Prinzip der freien Wahl des Religionsunterrichts widerspricht den Anforderungen an ein „ordentliches Lehrfach" in seiner grundsätzlich gemäß Art. 7 Abs. 3 GG, Art. 7 Abs. 1 S. 1 Niedersächsisches Konkordat, Art. 21 S. 1 Reichskonkordat als Pflichtfach für die bekenntnisangehörigen Schüler zu erteilenden Form[84]. Nicht einmal eine entsprechende Einigung der kirchlichen Partner ließe einen derartig umfassenden Übergang zum Wahl(pflicht)fachsystem zu[85]. Um so mehr gelten diese Bedenken für Kultusministerialerlasse, die als untergesetzliche Rechtsquellen überdies offensichtlich im Widerspruch zu den §§ 104 Abs. 2 und 3, 108 S. 3 NSchG stehen. Hier ist als Folge der „Nichtteilnahme am Religionsunterricht" zwingend die Teilnahme am Ersatzunterricht vorgesehen. Dem niedersächsischen Kultusminister ist es daher verwehrt, von dieser Rechtsfolgenbestimmung bei Abmeldung vom Religionsunterricht durch Erlaß abzuweichen.

An dieser Rechtslage ändert sich auch nichts dadurch, daß in der gymnasialen Oberstufe die Teilnahme an Kursen in Religionslehre generell eine *An*meldung voraussetzt. Eine solche Umgestaltung trägt lediglich den veränderten schulorganisatorischen Bedingungen des Kursunterrichts Rechnung. Verfassungskonform kann aus den geschil-

---

[83] *Maunz*, Religionsunterricht (Anm. 25), S. 40.
[84] Vgl. oben S. 14 ff.
[85] *Hollerbach*, Religionsunterricht in der Oberstufe (Anm. 31), S. 101 ff.

derten Gründen die Anmeldepflicht nur dergestalt ausgeübt werden, daß katholische Schüler sich nach Maßgabe der Ziff. 4.1 Erlaß RU 1980 — von den dort in lit. a und b genannten Ausnahmefällen abgesehen — lediglich zwischen verschiedenen Kursen in katholischer Religionslehre entscheiden können, wenn sie überhaupt am Religionsunterricht teilnehmen wollen. Dies jedenfalls solange, als in Niedersachsen nicht eine Regelung in dem Sinne getroffen worden ist, daß — wie etwa in Baden-Württemberg[86] — auch ausdrücklich Belegungsverpflichtungen mit Zustimmung der katholischen Kirche in Kursen des anderen Bekenntnisses erfüllt werden können. Das staatlich garantierte Abmelderecht hat danach auch in der Sekundarstufe II ausschließlich die Bedeutung, daß durch die Nichtbelegung von Religionskursen (für katholische Schüler: des eigenen Bekenntnisses) die gesetzlich vorgesehenen Folgen der Nichtteilnahme am Religionsunterricht eintreten.

Ein Blick auf die praktischen Konsequenzen des in der vorgesehenen Form nahezu beliebig auszuübenden Ummelderechts zeigt auch, daß Gefahren aus einer mißbräuchlichen Nutzung der gegebenen Möglichkeiten nicht auszuschließen sind. Mißbrauchsmöglichkeiten sind namentlich aus der subjektiven Situation der Schüler heraus eröffnet, sofern diese etwa durch Abmeldung vom Religionsunterricht willkürlich ohne billigenswerte Motive von Kurs zu Kurs wechseln[87]. Anreize können sowohl eine „billigere" Benotungspraxis wie auch die jeweilig bevorzugte „ideologische" Färbung des Unterrichts liefern. Im Ergebnis entsteht ein potentiell ungeordnetes Nebeneinander des Unterrichts in katholischer und evangelischer Religionslehre. Mit Hilfe einer derartigen „Abmeldung" könnte auch für evangelische Schüler die Regelung der Ziff. 3.1 Erlaß RU 1980 unterlaufen werden. Nach dieser Bestimmung haben auch sie an sich — die Zustimmung der Fachkonferenz für katholische Religionslehrer vorausgesetzt — nur eine beschränkte Teilnahmemöglichkeit bis höchstens zur Hälfte ihrer Belegungsverpflichtung. Die Abmeldung würde jedoch diese Grenze praktisch absolet werden lassen. Erst recht gilt dies natürlich umgekehrt für katholische Schüler hinsichtlich einer Umgehung der strengeren Voraussetzungen der Ziff. 4.1 Erlaß RU 1980. Besonders prekär erscheint diese Abmeldebefugnis zusätzlich dadurch, daß dem Staat eine nähere Gewissensprüfung auf zulässige Abmeldemotive verwehrt ist[88].

---

[86] Siehe oben S. 23.

[87] Zur mißbräuchlichen Ausgestaltung des Religionsunterrichts selbst vgl. unten S. 44 f.

[88] *Link*, Religionsunterricht (Anm. 6), S. 528 f.; *Hollerbach*, Religionsunterricht in der Oberstufe (Anm. 31), S. 106; dies gilt entsprechend auch für die Anmeldung zum Religionsunterricht, vgl. auch BayVGH, in: DVBl. 1981, S. 44 (47).

Nur ergänzend sei darauf hingewiesen, daß der Erlaß RU 1980 keine rechtlichen Kriterien dafür enthält, in welchem Umfang derartige fremdkonfessionelle Schüler mit Zustimmung der Fachkonferenz (Ziff. 6.1 in Verbindung mit 3.3 und 4.3) aufgenommen werden können. Das sich aus der verfassungsrechtlich vorausgesetzten Gestalt des Religionsunterrichts ergebende Verbot der konfessionellen Überfremdung[89] könnte angesichts der bloßen Abstellung auf den Einzelfall insgesamt kaum wirksam durchgesetzt werden.

Es ist in Literatur und Rechtsprechung einhellige Auffassung, daß derartige Mißbrauchsmöglichkeiten aus rechtlicher Sicht von vornherein ausgeschlossen sein müssen[90]. Dies ist namentlich auch die Auffassung der Evangelischen Kirche in Deutschland, welche einen willkürlichen Wechsel für mißbräuchlich und unzulässig hält[91] und wird auch von der Stellungnahme der katholischen Bischofskonferenz[92] offensichtlich vorausgesetzt[93].

b) Verstoß gegen das Prinzip der religiösen und weltanschaulichen Neutralität des Staates?

Gleichzeitig erscheint das Ummelderecht auch unter dem Gesichtspunkt des Prinzips der religiösen und weltanschaulichen Neutralität des Staates[94] in höchstem Maße bedenklich. Für den Religionsunterricht bedeutet dieser Grundsatz, daß der Staat für die Schüler Abmeldung wie Wechsel weder erschwert noch begünstigt[95].

Es kann keinem Zweifel unterliegen, daß eine staatliche Begünstigung der „Abwerbung bzw. Abwanderung" von Schülern eintritt, wenn der Staat den fremdkonfessionellen Religionsunterricht demjenigen der eigenen Konfession durch Zuerkennung eines Ummelderechts gleichstellt. Erst das durch Ziff. 6.1 Erlaß RU 1980 ermöglichte Ummelderecht mit der danach weiterhin bestehenden Benotung und Anrech-

---

[89] Siehe oben S. 28 f.
[90] BayVGH, in: DVBl. 1981, S. 44 (46); *v. Campenhausen*, Staatskirchenrechtliche Rückwirkungen (Anm. 32), S. 612; *Hollerbach*, Religionsunterricht in der Oberstufe (Anm. 31), S. 104 ff.
[91] EKD-Entschließung (Anm. 31), S. 12, 21 f.
[92] Erklärung der Deutschen Bischofskonferenz (Anm. 34), S. 544 f.
[93] *Hollerbach*, Religionsunterricht in der Oberstufe (Anm. 31), S. 95.
[94] Dazu BVerfGE 18, 385 (386 f.); 19, 1 (8), 206 (216); 24, 236 (246); 32, 98 (106); 41, 29 (44 ff.); 65 (78 ff.); 52, 223 (236 ff.); grundlegend *Klaus Schlaich*, Neutralität als verfassungsrechtliches Prinzip, Tübingen 1972, S. 129 ff.; speziell im Hinblick auf die Anforderungen an die Gestalt des Religionsunterrichts *Link*, Religionsunterricht (Anm. 6); S. 544 ff.; *Klaus G. Meyer-Teschendorf*, Staat und Kirche im pluralistischen Gemeinwesen, Tübingen 1979, S. 162 ff.
[95] BayVGH, in: DVBl. 1981, S. 44 (47).

nung der absolvierten Kurse begründet den Anreiz zum Besuch des fremdkonfessionellen Religionsunterrichts und schafft die dargestellten Voraussetzungen für einen mißbräuchlich herbeigeführten Wechsel des Religionsunterrichts.

c) Pflicht des Staates zur Anwendung divergierender Grundsätze der Religionsgemeinschaften?

Für den hier zugrundegelegten Verstoß gegen den Charakter des Religionsunterrichts als „ordentliches Lehrfach" bedarf es einer weiteren Untersuchung, ob der normative Sinngehalt des Gebotes der Übereinstimmung mit den Grundsätzen der jeweiligen Religionsgemeinschaft ein anderes Ergebnis nahelegt. Es wird die Auffassung vertreten, daß das in Art. 7 Abs. 3 S. 2 GG normierte Übereinstimmungsgebot keinesfalls ein staatliches Gebot zur Berücksichtigung von Grundsätzen nur gleichen Inhalts enthalte. Aus dem Grundsatz der Parität folge vielmehr, daß der Staat bei der Regelung des konfessionellen Religionsunterrichts gerade die jeweiligen und möglicherweise voneinander abweichenden Grundsätze zur Anwendung bringen müsse[96]. Bleibt die Öffnung auf den Unterricht einer Konfession beschränkt, so soll der Staat daher keinen Schüler daran hindern können, am fremdkonfessionellen Unterricht — trotz eines entgegenstehenden Verständnisses der eigenen Kirche — teilzunehmen. Maßgeblich wird hierfür auf den Willen der den konfessionslosen oder -fremden Schüler zulassenden Religionsgemeinschaft sowie auf die durch Art. 4 Abs. 1 GG geschützte Religionsfreiheit der Schüler bzw. der Erziehungsberechtigten abgestellt[97]. Da diese Zulassung allein eine Frage der „Grundsätze" *einer* Religionsgemeinschaft (nämlich der zulassenden) darstelle, habe eine dementsprechende staatliche Regelung nicht eine Einigung der betroffenen Kirchen zur Voraussetzung. Für den Religionsunterricht soll lediglich eine Kooperation zwischen Staat und Kirche, nicht aber zwischen den Religionsgemeinschaften untereinander gefordert sein[98]. Für die Benotung des Religionsunterrichts folge hieraus, daß es den Grundsätzen der jeweiligen Religionsgemeinschaft überlassen bleiben soll, ob sie neben dem konfessionseigenen auch dem ihren Religionsunterricht besuchenden konfessionsfremden Schüler eine Note erteilt. Dem Staat soll es danach verwehrt sein, weitergehend die Benotung an die Zugehörigkeit zu einer bestimmten Konfession zu knüpfen.

---

[96] *v. Campenhausen*, Staatskirchenrechtliche Rückwirkungen (Anm. 32), S. 613; *v. Busse*, Gemeinsame Angelegenheiten (Anm. 8), S. 67; im Ansatz auch BayVGH, in: DVBl. 1981, S. 44 (47).
[97] *v. Campenhausen*, Staatskirchenrechtliche Rückwirkungen (Anm. 32), S. 611; *Leisner*, Rechtsgutachten (Anm. 46), S. 68.
[98] *v. Campenhausen*, Staatskirchenrechtliche Rückwirkungen (Anm. 32), S. 614; *v. Busse*, Gemeinsame Angelegenheiten (Anm. 8), S. 67.

Einschränkend ist allerdings auch nach dieser Auffassung ein geordnetes Verfahren verantwortlicher Zulassung zum fremdkonfessionellen Religionsunterricht unter selbstverständlicher Ablehnung eines *beliebigen Ummelderechts* vorausgesetzt[99], so daß für die hier zu beurteilende Regelung aus den oben angeführten Gründen[100] im Ergebnis sachliche Divergenzen nicht bestehen.

Gleichwohl bedarf es angesichts der unterschiedlichen kirchlichen Entscheidungen in Niedersachsen — die, soweit sie die katholische Kirche betreffen, auf den Normen des kanonischen Rechts beruhen[101] — im Hinblick auf die Teilnahme des konfessionsangehörigen Schülers am Religionsunterricht der anderen Konfession einer Untersuchung der Möglichkeiten und Grenzen einseitiger kirchlicher bzw. staatlicher Definitions- bzw. Regelungskompetenzen in bezug auf die Öffnung des Religionsunterrichts für konfessionsfremde Schüler.

d) Erfordernis einer Regelung im
Einverständnis mit den betroffenen Religionsgemeinschaften

aa) Rechtliche Betroffenheit von Kirchen bei einseitiger
Änderung der „Grundsätze" anderer Religionsgemeinschaften

Auch bei faktischer Änderung der Grundsätze einer Religionsgemeinschaft über die konfessionelle Schülerhomogenität muß der sachliche Gehalt des verfassungs- und staatskirchenvertraglich gesicherten Religionsunterrichts weiter gewährleistet bleiben. Keinesfalls kann das Bestimmungsrecht über ihre „Grundsätze" den Verfassungsbegriff des Religionsunterrichts selbst zur Disposition der Religionsgemeinschaft stellen[102]. Der ursprüngliche Gehalt des zugrundegelegten Begriffs des „Religionsunterrichts" betrifft dessen äußeren Rechtsstatus im Rahmen des staatlich geregelten Unterrichtsgefüges und der sich daraus für Schüler und Lehrer ergebenden Rechtsfolgen. Solange die Verfassungswirklichkeit durch die konfessionelle Homogenität von Lehrfach, Lehrperson und Schüler geprägt war, knüpfte das staatliche Recht in bezug auf den Religionsunterricht als ordentliches Lehrfach allein an die Teilnahme am Unterricht des eigenen Bekenntnisses an. In dieser Form ist die Religionsunterrichtsgestaltung von den kirchenvertraglichen Garantien des Art. 7 Abs. 1 S. 1 Niedersächsisches Konkordat, Art. 21 S. 1

---

[99] *v. Campenhausen*, Staatskirchenrechtliche Rückwirkungen (Anm. 32), S. 612.
[100] Siehe oben S. 34 ff.
[101] Siehe unten S. 41 mit Anm. 107.
[102] *Maunz*, Religionsunterricht (Anm. 25), S. 27 f.; *Link*, Religionsunterricht (Anm. 6), S. 539.

Reichskonkordat auch vorausgesetzt worden[103]. Danach bestand zum damaligen Zeitpunkt kein Anlaß, weitere Regelungen für die sich speziell aus einer einseitigen Öffnung des Religionsunterrichts durch eine Religionsgemeinschaft für konfessionsfremde Schüler ergebenden Rechtsprobleme zu treffen. Erst die nunmehr erfolgte einseitige Öffnung des Religionsunterrichts führt zu einem rechtlich, kirchenpolitisch wie auch religionspädagogisch relevanten Korrespondenz- und Abhängigkeitsverhältnis des Religionsunterrichts der beiden großen Kirchen und ermöglicht in größerem Umfang, daß sich die pflichtigen Schüler dem vom geltenden Recht und ihrer Kirche zur Pflicht gemachten Besuch des eigenen Religionsunterrichts entziehen. Die möglicherweise eintretenden Gewichtsverlagerungen im Verhältnis von evangelischem und katholischem Religionsunterricht zueinander verlangen ein der neuartigen Situation entsprechendes Verfahren, um die gegebenen Wahlmöglichkeiten der Schüler entsprechend den verfassungsrechtlichen und kirchenvertraglichen Anforderungen rechtlich zu ordnen.

Um sowohl die konfessionelle Überfremdung des Religionsunterrichts[104] als auch einen mißbräuchlichen Wechsel des Religionsunterrichts[105] zu verhindern, sind danach lediglich geordnete Formen begrenzter wechselseitiger Öffnung des Religionsunterrichts möglich[106].

Ein derartiges geordnetes Zulassungsverfahren für die Teilnahme konfessionsfremder Schüler kann nicht einseitig vom Staat aufgrund der Grundsätze *einer* Religionsgemeinschaft für *sämtliche* zum Besuch des Religionsunterrichts der beiden Konfessionen verpflichteten Schüler Anwendung finden. Vielmehr betreffen die Grundsätze zwar lediglich die Gestaltung des eigenen Religionsunterrichts. Wie dargelegt, führt indes reflexartig eine darauf beruhende Öffnung für alle Schüler zu einer Verkürzung der ursprünglich gesicherten Rechtsposition der anderen Konfession, welche „ihren" bekenntnisangehörigen Schülern den Besuch des fremdkonfessionellen Religionsunterrichts nicht gestatten will. Es steht im Widerspruch zum Pflichtfachcharakter des Religionsunterrichts, wenn die konfessionelle Bindung des Schülers an „seinen" Religionsunterricht durch die Grundsätze der anderen Konfession außer Kraft gesetzt werden könnte. Hiernach kann allein die eigene Konfession bestimmen, ob sie den Besuch von Kursen in der anderen Konfession als Religionsunterricht betrachtet. Ist dies nicht der

---

[103] *Link*, Religionsunterricht (Anm. 6), S. 535 mit Fn. 170; *Hollerbach*, Religionsunterricht in der Oberstufe (Anm. 31), S. 110.
[104] Siehe oben S. 28 f.
[105] Siehe oben S. 36.
[106] *Hollerbach*, Religionsunterricht in der Oberstufe (Anm. 31), S. 102 f., 105 f., 109; *v. Campenhausen*, Staatskirchenrechtliche Rückwirkungen (Anm. 32), S. 611 f.; EKD-Entschließung (Anm. 31), S. 3, 16, 21 f., 24 f.

Fall, so bleibt der Schüler zum Besuch allein des Religionsunterrichts seiner eigenen Konfession verpflichtet. Belegt dieser gleichwohl Kurse im Unterricht der anderen Konfession, so kann dieser Besuch nicht nach staatlichem Recht benotet und angerechnet werden.

Eine solche Rückwirkung auf die Grundsätze der eigenen Kirche tritt auch dann ein, wenn der Teilnahme am fremdkonfessionellen Unterricht eine Abmeldung vom eigenkonfessionellen vorausgeht. Nach kirchlichem Recht bleibt auch in diesem Fall der Schüler zum Besuch des eigenen Religionsunterrichts verpflichtet[107]. Wenn die katholische Kirche aufgrund kanonischen Rechts die Erteilung katholischen Religionsunterrichts für alle Schüler ihrer Glaubensgemeinschaft bindend vorsieht, so glaubt sie des weiteren um der Wahrung des religiösen Friedens willen, auch keine fremdkonfessionellen, vom eigenen Religionsunterricht abgemeldeten Kinder zu ihrem Unterricht zulassen zu dürfen.

An diese Entscheidung als Bestandteil der durch Art. 7 Abs. 3 S. 2 GG gesicherten Grundsatzkompetenz der katholischen Kirche ist der staatliche Schulgesetzgeber gebunden[108]. Der religiös und weltanschaulich neutrale Staat des Grundgesetzes ist um der Gewährleistung der Glaubens- und Gewissensfreiheit (Art. 4 Abs. 1 GG) willen trotz Konstituierung des Religionsunterrichts als staatlicher Lehrveranstaltung daran gehindert, diese Entscheidungen durch entgegenstehende institutionelle Regelungen zu unterlaufen. Bringt ein Schüler (bzw. seine Erziehungsberechtigten) durch Abmeldung vom Religionsunterricht einen dem Verständnis der eigenen Konfession zuwiderlaufenden Willen zum Ausdruck, so besteht — wie bereits ausgeführt[109] — die Konsequenz einer solchen Abmeldung allein in der Nichtteilnahme am Religionsunterricht, mit den entsprechenden rechtlichen Folgen für die Erteilung von ersatzweisen Lehrveranstaltungen.

Ein weiterreichender Eingriff dergestalt, daß der Abgemeldete nunmehr nicht nur rechtswirksam die Befugnis erlangt, den Religionsunterricht einer anderen Konfession zu besuchen, sondern auch darin kraft staatlichen Rechts Leistungsnachweise zu erwerben, verstößt

---

[107] Nach kanonischem Recht ist jeder Christ vom göttlichen Recht her verpflichtet, sich eine möglichst vollkommene Ausbildung in der christlichen Glaubenslehre anzueignen. c. 1335 CIC/1917 verpflichtet die katholischen Eltern, ihre Kinder zum Besuch des Religionsunterrichts anzuhalten; ebenso müssen katholische Vormünder, Dienstherrn und Paten dafür Sorge tragen, daß die Kinder religiösen Unterricht empfangen (cc. 1113, 1372, 769, 797 CIC/1917), vgl. *Klaus Mörsdorf*, Lehrbuch des Kirchenrechts, 11. Aufl. Bd. 2, München-Paderborn-Wien 1967, S. 406 f.; ebenso cc. 774 ff. und 798 ff. CIC/1983.

[108] Deutlich in diese Richtung auch BVerwG, Beschl. vom 22. 10. 1981 (7 C 77.80), S. 4 = DÖV 1982, S. 249 = ZevKR 27 (1982), S. 197.

[109] Siehe oben S. 18 ff., 34 ff.

zunächst gegen das Neutralitätsprinzip[110] und gegen den Verfassungsgrundsatz des „ordentlichen Lehrfachs"[111].

Darüber hinaus wird damit auch die verfassungsrechtlich geschützte Rechtsstellung der (hier: katholischen) Kirche gegenüber ihren Konfessionsangehörigen tangiert. Staatlicherseits ist ein solcher Eingriff nur dann zulässig, wenn und soweit die betroffene Religionsgemeinschaft hierzu ihre Zustimmung erteilt hat, sei es im Rahmen des konkordatär gebotenen Anhörungsverfahrens (Art. 19 Niedersächsisches Konkordat), sei es in Form einer vorgängigen zwischenkirchlichen Einigung[112]. — Auf das Erfordernis der ausreichenden Sicherstellung eines individuellen Grundrechtsschutzes wird noch einzugehen sein[113].

bb) Religionsunterricht als res mixta

Auch mit dem Hinweis auf den Religionsunterricht als „gemeinsame Angelegenheit" läßt sich die Notwendigkeit zwischenkirchlicher Einigung nicht verneinen. Ein eigenständiges Rechtsinstitut mit besonderen Rechtsfolgen stellen die res mixtae ohnehin nicht dar[114].

Die diesem Bereich zugeordneten Materien sind zunächst nur durch eine tatsächliche Verflechtung staatlicher und kirchlicher Belange gekennzeichnet, welche — angesichts der der Sache wie dem Normbestand nach unterschiedlichen Materien — erst durch die Analyse des spezifischen Sachgebiets zur Lösung konkreter Rechtsfragen führt. Sedes materiae der Problematik sind der Art. 7 Abs. 3 GG, Art. 7 Abs. 1 S. 1 Niedersächsisches Konkordat, Art. 21 S. 1 Reichskonkordat. Die konkrete Rechtslage für den Religionsunterricht fordert, mag auch für andere „gemeinsame Angelegenheiten" etwas anderes gelten, das Einvernehmen der Religionsgemeinschaften auch untereinander. Gerade in diesem sensiblen Bereich gilt im besonderen Maße das vom Bundesverfassungsgericht geforderte Verfassungsgebot „verständiger Kooperation" zwischen Staat und Kirche[115].

---

[110] Siehe oben S. 37 f.

[111] Siehe oben S. 14 ff., 34 ff.

[112] *Link*, Religionsunterricht (Anm. 6), S. 534 f.; *Scheuner*, Rechtsgutachten (Anm. 20), S. 70 f.; *Listl*, Gutachten I (Anm. 18), S. 53 f.; *ders.*, Gutachten III (Anm. 18), S. 76 f.; *Hollerbach*, Religionsunterricht in der Oberstufe (Anm. 31), S. 101.

[113] Siehe unten S. 45.

[114] *Heckel*, Kirchen unter dem Grundgesetz (Anm. 14), S. 35; *v. Busse*, Gemeinsame Angelegenheiten (Anm. 8), S. 20; *Josef Jurina*, Der Rechtsstatus der Kirchen und Religionsgemeinschaften im Bereich ihrer Angelegenheiten, Berlin 1972, S. 65.

[115] BVerfGE 42, 312 (331).

cc) Die Reichweite des Verbots staatlicher Einmischung in kirchliche Mitgliedschaftsrechte und -pflichten

Auch das für den Staat geltende Gebot, sich nicht in die Interna der kirchlichen Mitgliedschaftsverhältnisse einzumischen und keinen Druck auf den Schüler zum Besuch des nach dem Kirchenrecht vorgeschriebenen Religionsunterrichts auszuüben[116], führt zu keinem anderen Ergebnis. Einem unbedingten Zwang zum Besuch des Religionsunterrichts steht bereits das durch Art. 4 Abs. 1 GG gesicherte Recht zur Abmeldung entgegen; durch dieses Recht können die Schüler bzw. deren Erziehungsberechtigte völlig selbständig darüber entscheiden, ob eine Teilnahme am Religionsunterricht erfolgen soll. In diesem Sinn gibt es für den Staat tatsächlich keine Möglichkeit, die Glieder der Religionsgemeinschaft zur Wahrnehmung ihrer Mitgliedspflichten anzuhalten.

Von hier aus ist die Schlußfolgerung verfehlt, vom staatlichen Recht weitergehend die Ermöglichung eines Unterrichtsbesuchs unter Verletzung der für den Schüler bestehenden mitgliedschaftlichen Verpflichtungen zu verlangen. Unvermeidbar tritt in diesem Falle die rechtlich ausgeschlossene Wahl(pflicht)fachalternative an die Stelle des gebotenen Pflichtfachcharakters des Religionsunterrichts. Liegt eine Einigung der kirchlichen Partner über eine begrenzte wechselseitige Öffnung des Religionsunterrichts nicht vor, ist der Staat strikt an die Einrichtung des Religionsunterrichts in seinem vorausgesetzten Gehalt gebunden. Die hier bestehende subjektive Pflichtigkeit zum Besuch ausschließlich des eigenen Religionsunterrichts ist dann bereits maßgeblich durch die Verfassung und nicht lediglich durch das Kirchenrecht angeordnet. Diese für den staatlichen Rechtskreis ausschlaggebende verfassungsrechtliche Komponente könnte ernsthaft nur dadurch in Frage gestellt werden, daß dem Religionsunterricht der Charakter einer staatlichen Bildungsveranstaltung abgesprochen würde[117].

dd) Zwischenkirchliche Einigung als Voraussetzung der „Abwerbung oder Abwanderung" von Schülern

Wie bereits dargelegt, hat der Bayerische Verwaltungsgerichtshof[118] „die Abwerbung oder Abwanderung" von Schülern als eine mögliche Folge der konfessionellen Öffnung des Religionsunterrichts angesehen, die als solche das staatliche Neutralitätsprinzip nicht beeinträchtige.

---

[116] Vgl. näher *v. Campenhausen*, Erziehungsauftrag (Anm. 5), S. 189 ff.; *ders.*, Staatskirchenrechtliche Rückwirkungen (Anm. 32), S. 613 f.

[117] Zum staatlichen Bildungsauftrag des Religionsunterrichts *v. Campenhausen*, Erziehungsauftrag (Anm. 5), S. 144 ff.; *Link*, Religionsunterricht (Anm. 6), S. 512 ff.

[118] BayVGH, in: DVBl. 1981, S. 44 (47).

Selbst wenn man diese nicht unproblematische These akzeptieren wollte, läßt sich doch nicht übersehen, daß durch eine solche „Abwerbung oder Abwanderung" die rechtlich geschützten Belange der betroffenen Religionsgemeinschaften tangiert werden. Das dem Grundgesetz immanente Gebot der Rücksichtnahme auf verfassungsrechtlich geschützte Lebensbereiche schließt aber auf jeden Fall aus, deren Selbstverständnis außer acht zu lassen. Dies entspricht auch der Auffassung der Evangelischen Kirche in Deutschland, welche eine Aufnahme von Angehörigen anderer Konfessionen gegen deren Willen nicht beabsichtigt[119].

Nur eine Einigung der betroffenen Religionsgemeinschaften wird danach der eintretenden Verzahnung beider Unterrichtsangebote gerecht und lenkt eine mögliche „Abwerbung oder Abwanderung" von Schülern in geordnete Bahnen. Räumt eine Religionsgemeinschaft den Schülern des eigenen Bekenntnisses die Möglichkeit der Teilnahme am fremdkonfessionellen Unterricht ein, so wird von dieser die Abwanderung oder die sich gar im Konfessionswechsel dokumentierende Abwerbung bewußt hingenommen. In der Entschließung der Evangelischen Kirche in Deutschland findet dies sichtbaren Ausdruck: Hier wird betont, die Jugendlichen sollten sich durch Teilnahme an Kursen des anderen Bekenntnisses „unmittelbar über andere Überzeugungen informieren können, ihren eigenen Standpunkt in der Auseinandersetzung klären und so die Welt des Glaubens differenzierter erfahren und verstehen"[120]. Liegt die zwischenkirchliche Einigung vor, so kann der Staat gegen die „Abwerbung oder Abwanderung" von Schülern nicht einschreiten. Es handelt sich dann vielmehr um eine durch die Gewährleistung des Religionsunterrichts gesicherte, erlaubte Glaubenswerbung und gegebenenfalls Glaubensabwerbung[121]. Insofern tritt der Schutz, den diese Religionsgemeinschaften gegen staatlich geförderte Eingriffe in ihre mitgliedschaftsrechtlichen Verhältnisse genießen, hinter dem zurück, was als Teil des pädagogischen Auftrags des Religionsunterrichts im Rahmen der vom Grundgesetz vorausgesetzten Pluralität der Religionsgemeinschaften von diesen gemeinsam anerkannt wird.

Anderes kann nur gelten, wenn die Art und Weise der Darbietung des Unterrichtsstoffes in mißbräuchlicher Weise erfolgte. Zu denken wäre an eine polemische oder gar verunglimpfende Behandlung der anderen Konfession. Unzulässig wäre es auch, die Attraktivität des eigenen Unterrichts durch „Anforderungs- und Notendumping" zu steigern[122]. Derartige Methoden genießen keinen verfassungsrechtlichen

---

[119] EKD-Entschließung (Anm. 31), S. 26.
[120] EKD-Entschließung (Anm. 31), S. 3.
[121] Dazu BVerfGE 12, 1 (4), vgl. *Listl*, Religionsfreiheit (Anm. 76), S. 58 ff.
[122] *Leisner*, Rechtsgutachten (Anm. 46), S. 69.

Schutz und müssen von den staatlichen Schulbehörden nicht hingenommen werden[123].

ee) Vereinbarkeit mit Art. 4 GG

Ein Ummelderecht im geschilderten Umfang ergibt sich auch nicht aus der individuellen Gewährleistung des Art. 4 Abs. 1 GG. Der grundsätzlich durch dieses Grundrecht geschützte Teilnahmewunsch des Schülers am Religionsunterricht[124] begründet keinesfalls einen Rechtsanspruch auf Zulassung zum Unterricht der anderen Konfession bei einem entgegenstehenden Willen der eigenen Kirche. *Welcher* Religionsunterricht als eine dem Schutz des Art. 4 Abs. 1 GG unterliegende besondere Form religiösen Verhaltens von dem Konfessionsangehörigen zu besuchen ist, regelt die Verfassung speziell durch Art. 7 Abs. 3 GG. Ein auf Art. 4 Abs. 1 GG gestütztes beliebiges An- und Ummelderecht ließe jede Regelung über das Verhältnis des Religionsunterrichts beider Konfessionen zueinander als überflüssig erscheinen. Gegen den Willen der eigenen Konfession kann die religiöse Informationsfreiheit lediglich zum bloßen Informationsunterricht in der anderen Konfession führen. Der Staat genügt danach dem Art. 4 Abs. 1 GG, wenn er die Abmeldung vom Religionsunterricht sicherstellt. Ein staatsverordnetes Ummelderecht, namentlich in der hier zu beurteilenden Konstellation, ist durch das individuelle Grundrecht der Religionsfreiheit nicht gefordert.

Art. 4 Abs. 1 GG gibt dem Schüler im übrigen auch nicht das Recht, von seiner Religionsgemeinschaft die Anerkennung des besuchten fremdkonfessionellen Unterrichts als „seinen" Religionsunterricht zu verlangen. Ein innerkirchliches Grundrecht der Glaubensfreiheit besteht nicht[125]. Unsere Verfassungsordnung akzeptiert die selbstverantwortliche Gestaltung kirchlicher Angelegenheiten (Art. 140 GG / Art. 137 Abs. 3 S. 1 WRV) und die freie Unterwerfung unter kirchliche Bindungen. Die von der Verfassung vorgegebene Form des Religionsunterrichts setzt diese Bindungen voraus und gestattet allein den zuständigen kirchlichen Instanzen, in freier Entscheidung modifizierend die Teilnahme am fremdkonfessionellen Unterricht zu ermöglichen.

---

[123] Zu weitgehend daher BayVGH, in: DVBl. 1981, S. 44 (47) unter Verkennung der von BVerfGE 12, 1 (4 f.) gezogenen Grenzen.

[124] Zur entsprechenden Rechtslage in bezug auf konfessionslose Schüler siehe oben S. 31 ff.; zum subjektiv-öffentlichen Recht auf Zugang zu einem im Sinne des Art. 7 Abs. 3 S. 2 GG erteilten Religionsunterricht vgl. *Link*, Religionsunterricht (Anm. 6), S. 538.

[125] Grundlegend *Rudolf Smend*, Glaubensfreiheit als innerkirchliches Grundrecht, in: ZevKR 3 (1953/54), S. 113 ff.; aus der reichen Lit. vgl. *(Maunz / Dürig /) Herzog (/ Scholz)*, GG (Anm. 5), Art. 4, Rdnr. 50; *Hermann Weber*, Die Grundrechtsbindung der Kirchen, in: ZevKR 17 (1972), S. 386 (402 f.); *Karl-Hermann Kästner*, Die Geltung von Grundrechten in kirchlichen Angelegenheiten, in: JuS 1977, S. 715 (721).

ff) Vereinbarkeit unterschiedlicher Regelungen
für katholische und evangelische Schüler zum jeweils
anderskonfessionellen Unterricht mit Art. 3 GG

Wenn somit evangelischen und katholischen Schülern nach dem vor Inkrafttreten des Erlasses RU 1980 für Niedersachsen bestehenden Rechtszustand in unterschiedlichem Umfang der Besuch von Kursen in Religionslehre des anderen Bekenntnisses eröffnet war, liegt hierin kein Verstoß gegen Art. 3 Abs. 3 GG. Eine „Benachteiligung" im Sinne des Art. 3 Abs. 3 GG ist nur dann gegeben, wenn der Betroffene durch sie in seinen schutzwürdigen Interessen verletzt wird[126].

Ein derartiges schutzwürdiges Interesse am Besuch des fremdkonfessionellen Religionsunterrichts bei entgegenstehendem Willen der eigenen Kirche besteht nicht. Es ist bereits eingehend dargelegt worden, daß sich weder aus der gewährleisteten Gestalt des Religionsunterrichts noch aus individualrechtlichen Positionen der zum Besuch des Religionsunterrichts Verpflichteten entgegenstehende Gesichtspunkte ableiten lassen. Das Gebot individueller Parität ist hierdurch gerade erfüllt: ein Diskriminierungsverbot ist kein Differenzierungsverbot[127]. Dem Gebot gleichmäßiger und gleichwertiger Differenzierung ist gerade entsprochen, wenn der Anspruch des Schülers, nicht (wegen Art. 3 Abs. 3 GG) aufgrund der Zugehörigkeit zu einem bestimmten Bekenntnis eine abweichende Behandlung zu erfahren, auf ein Teilnahmerecht im Sinne der spezifischen Prägung gerade „seines" Religionsunterrichts begrenzt ist[128].

Fernerhin wird auch nur durch die hier vertretene Auffassung dem Gebot der institutionellen religionsgesellschaftlichen Parität Rechnung getragen. Ganz allgemein muß jeder Religionsgemeinschaft bei der Ausgestaltung des Religionsunterrichts in Übereinstimmung mit ihren „Grundsätzen" das Ihre und nicht das Gleiche zuteil werden[129]. Aus dem Grundsatz der Parität folgt das Verbot einer staatlichen Regelung, welche die Grundsätze der einen Kirche für allgemein verbindlich erklärt und der anderen Kirche aufdrängt[130]. Öffnete der Staat nach entsprechender einseitiger kirchlicher „Grundsatz"entscheidung den Religionsunterricht einer Konfession für alle Schüler, so träte an die Stelle

---

[126] *Martin Heckel,* Die religionsrechtliche Parität, in: HdbStKirchR, Bd. 1 (Anm. 4), S. 515 ff.; *Hermann von Mangoldt / Friedrich Klein,* Das Bonner Grundgesetz, 2. Aufl., Bd. 1, Frankfurt a. M. 1966, Art. 3, Anm. V 3 a (S. 211).

[127] *Heckel,* Religionsrechtliche Parität (Anm. 126), S. 515.

[128] So im Ansatz auch OVG Koblenz, in: NJW 1979, S. 941 (942).

[129] *Hollerbach,* Religionsunterricht in der Oberstufe (Anm. 31), S. 109 f. sowie — mit freilich anderem Ergebnis — die oben S. 38 f. mit Anm. 96—99 Genannten.

[130] *Heckel,* Religionsrechtliche Parität (Anm. 126), S. 496 ff., 500.

des dem Staat vorgegebenen Differenzierungsgebots die nivellierende Überformung der von Art. 7 Abs. 3 GG gerade herkömmlich vorausgesetzten Gestalt des Religionsunterrichts.

Es bleibt also festzuhalten: Das geordnete Verfahren wechselseitiger Öffnung kann nur ein solches sein, welches im Zusammenwirken der betroffenen Religionsgemeinschaften entwickelt wird. Weder dem Staat noch einer einzelnen Religionsgemeinschaft ist die Rechtsmacht eingeräumt, einseitig den ursprünglichen Gehalt des ordentlichen Lehrfachs zu modifizieren. Der Religionsunterricht führte ansonsten unweigerlich zum sowohl verfassungs- als auch kirchenvertragsrechtlich ausgeschlossenen Wahl(pflicht)fach. Erst nach einer einvernehmlichen Lösung der Kirchen untereinander oder zumindest im Einverständnis mit der jeweils betroffenen Kirche sind staatlicherseits die entsprechenden schulorganisatorischen Konsequenzen zu ziehen, die sich für die Benotung, Versetzungs- und Prüfungserheblichkeit sowie für die Anzahl und nähere Gestaltung der Kurse im fremdkonfessionellen Religionsunterricht als notwendig erweisen.

IV. Zusammenfassung der Ergebnisse

1. Art. 7 Abs. 3 S. 1 GG sowie die sachlich damit übereinstimmenden Art. 7 Abs. 1 S. 1 Niedersächsisches Konkordat, Art. 21 S. 1 Reichskonkordat, § 104 Abs. 1 S. 1 NSchG lassen die Einrichtung des Religionsunterrichts im Sinne eines Wahlfaches oder Wahlpflichtfaches nicht zu. Der nach Bekenntnissen getrennt erteilte Religionsunterricht hat für die bekenntnisangehörigen Schüler Pflichtfachcharakter.

2. Der Zwang zum Besuch des konfessionellen Religionsunterrichts findet seine Grenze an dem Recht der Eltern bzw. Schüler, durch Abmeldung vom Religionsunterricht die Teilnahme daran zu verweigern. In diesem Fall besteht ausschließlich das Recht und die Pflicht zur Teilnahme am Ersatzunterricht (§ 104 Abs. 2 und 3 NSchG).

3. Ein Rechtsprinzip der konfessionellen Schülerhomogenität besteht nur hinsichtlich des Verbots der Überfremdung des Religionsunterrichts durch konfessionsfremde oder -lose Schüler.

4. Eine Öffnung des Religionsunterrichts für konfessions*lose* Schüler entspricht dem missionarischen Charakter des Religionsunterrichts. Gegenüber einer insoweit staatlich verordneten Unterrichtssperre kann sich sowohl der betroffene Schüler als auch die zulassungswillige Religionsgemeinschaft auf Art. 4 Abs. 1 GG unter dem As-

pekt der Glaubenswahlfreiheit bzw. der geschützten Freiheit religiöser Verkündigung berufen.

5. Die „Abmeldung" im Sinne der Ziff. 6.1 Erlaß RU 1980 läßt faktisch über ein Ummelderecht den Wahl(pflicht)fachcharakter der Kurse in evangelischer bzw. katholischer Religionslehre zu und widerspricht damit dem Rechtscharakter des als Pflichtfach zu erteilenden Religionsunterrichts. Gleichzeitig enthält der in Ziff. 6.1 Erlaß RU 1980 verwendete Abmeldebegriff einen Verstoß gegen Inhalt und Rechtsfolge der in § 104 Abs. 2 und 3, § 108 NSchG geregelten „Nichtteilnahme am Religionsunterricht".

6. Das gegenwärtig bestehende Ummelderecht führt zu einem potentiell ungeordneten Nebeneinander von Kursen in evangelischer und katholischer Religionslehre und schließt Möglichkeiten eines mißbräuchlichen Wechsels des Religionsunterrichts ein.

7. Ein Schüler kann ohne Einverständnis seiner eigenen Kirche an einem fremdkonfessionellen Religionsunterricht nicht teilnehmen. Liegt das Einverständnis der eigenen Kirche nicht vor, kommt eine Benotung und Anrechnung auf die Gesamtqualifikation nicht in Betracht.

8. Begrenzte Formen wechselseitiger Öffnung des Religionsunterrichts können nur im Einvernehmen der betroffenen Religionsgemeinschaften entwickelt werden. Erst aufgrund kirchlicher Einigung darf der Staat die entsprechenden schulorganisatorischen Konsequenzen ziehen.

Zur Frage der verfassungsrechtlichen Zulässigkeit eines „kooperativ-konfessionellen" Religionsunterrichts an der Gesamtschule in Weinheim*

Von Joseph Listl

I. Die Konzeption eines kooperativ-konfessionellen Religionsunterrichts

In den beiden ersten Klassen der Grundstufe der Gesamtschule in Weinheim, Baden-Württemberg, wird seit Beginn des Schuljahres 1971/1972 der Religionsunterricht auf „kooperativ-konfessioneller Basis" erteilt. Die Planung und Durchführung dieses kooperativ-konfessionellen Religionsunterrichts verantworten 1. die an der Gesamtschule Weinheim bestehende Fachkommission für den Evangelischen und Katholischen Religionsunterricht und 2. die in den beiden ersten Klassen Religionsunterricht erteilenden Lehrkräfte. Die Religionslehrer dieser beiden ersten Klassen — entsprechend dem Verhältnis von evangelischen und katholischen Schülern zwei evangelische und ein katholischer Lehrer — verstehen sich hinsichtlich der Planung und der Durchführung des Unterrichts als Team.

Die Durchführung des Unterrichts erfolgt in der Weise, daß die insgesamt 60 Schüler und Schülerinnen der beiden ersten Klassen in drei gleich große Gruppen aufgeteilt werden. Jeder Lehrer betreut dabei eine Gruppe. Die *Konfessionalität* des Religionsunterrichts wird dabei nach der Darstellung der genannten Fachkommission einmal dadurch gewährleistet, daß nach der Konzeption der Gesamtschule „grundsätzlich" für jeden Schüler die Möglichkeit besteht, den Lehrer frei zu wählen und diese Wahl unter konfessionsspezifischem Gesichtspunkt vorzunehmen. Über die Konfessionszugehörigkeit der Lehrer, deren Konfessionalität ihrerseits durch den kirchlichen Lehrauftrag (Missio canonica bzw. Vocatio) ausgewiesen ist, werden die Schüler und Eltern

---

* Gutachtliche Äußerung vom 12. Februar 1973, dem Erzbischöflichen Ordinariat Freiburg i. Br. erstattet. — Nach einer Mitteilung des Erzbischöflichen Ordinariats Freiburg vom 22. November 1982 an den Verfasser wurden die Versuche eines kooperativ-konfessionellen Religionsunterrichts an der Gesamtschule Weinheim mit Beginn des Schuljahres 1976/1977 definitiv eingestellt.

am Beginn jedes Schuljahres unterrichtet. Die Übereinstimmung des kooperativ-konfessionellen Religionsunterrichts mit den Lehren und Grundsätzen der Religionsgemeinschaften wird nach der Meinung der Fachkommission ferner dadurch in hinreichendem Maße gewährleistet, daß die Unterrichtseinheiten — unter Berücksichtigung konfessionsspezifischer Eigenarten — gemeinsam geplant, durchgeführt und revidiert werden.

Die Eltern der in den beiden ersten Klassen der Grundstufe der Gesamtschule Weinheim den Religionsunterricht besuchenden Kinder sind zu Beginn des Schuljahres über das Vorhaben des kooperativ-konfessionellen Religionsunterrichts informiert worden und haben dazu nach dem Bericht der Fachkommission „vorbehaltlos ihre Zustimmung erteilt"[1].

Das Erzbischöfliche Ordinariat Freiburg als zuständige kirchliche Oberbehörde hat zu Beginn des Schuljahres 1971/1972 in einem Schreiben vom 23. September 1971 an die Fachkommission für den Evangelischen und Katholischen Religionsunterricht an der Gesamtschule Weinheim die Erteilung des Religionsunterrichts auf der geschilderten kooperativ-konfessionellen Basis abgelehnt. Zu Beginn des Schuljahres 1972/1973 hat das Erzbischöfliche Ordinariat Freiburg in einem erneuten Schreiben an diese Fachkommission darauf bestanden, daß die Erteilung des Religionsunterrichts in der kooperativ-konfessionellen Form einzustellen und der Religionsunterricht nach wie vor getrennt nach Konfessionen zu erteilen sei. Das Erzbischöfliche Ordinariat Freiburg hat diese Auffassung auch der evangelischen Landeskirche Baden mitgeteilt.

Nach der Auffassung des Erzbischöflichen Ordinariats Freiburg stellt die Erteilung des Religionsunterrichts in der kooperativ-konfessionellen Weise deshalb eine Verletzung des Grundsatzes der Konfessionalität des Religionsunterrichts dar, weil der Religionsunterricht in der ersten Klasse der Grundschule „im gemeinsamen Klassenverband" stattfindet. Dabei unterrichte je nach Zufall entweder ein katholischer oder evangelischer Lehrer. Die Eltern müßten „eigens tätig werden", wenn sie ihre Kinder in der Lehre der eigenen Konfession unterrichtet haben wollen.

Auch als Schulversuch ist die Erteilung eines kooperativ-konfessionellen Religionsunterrichts nach der Auffassung des Erzbischöflichen Ordinariats Freiburg nicht möglich. Das Erzbischöfliche Ordinariat

---

[1] Vgl. zum Ganzen den Bericht der Fachkommission für den Evangelischen und Katholischen Religionsunterricht (Grundstufe) der Gesamtschule Weinheim über den kooperativ-konfessionellen Religionsunterricht im ersten Schuljahr an das Erzbischöfliche Ordinariat Freiburg (Schulreferat) vom 13. Juni 1972.

Freiburg sieht sich zu dieser Einstellung nicht zuletzt dadurch veranlaßt, daß bei einer Tagung katholischer und evangelischer Lehrer, die im Juni 1972 in Weinheim stattfand, die Einführung des „Weinheimer Modells" eines kooperativ-konfessionellen Religionsunterrichts für alle Gesamtschulen schlechthin gefordert wurde. In Presseberichten, die im Anschluß an die Weinheimer Tagung in der Tagespresse erschienen, sei der konfessionelle Religionsunterricht als „Störungsfaktor im Erziehungsprozeß" bezeichnet worden, der nicht den Zielvorstellungen der Gesamtschule entspreche, nämlich den gleichen Bildungschancen, der Integration von Kindern verschiedener sozialer Herkunft, der Befähigung zur Kommunikation und der Einübung in tolerantes Verhalten. Nach der Auffassung des Erzbischöflichen Ordinariats Freiburg kann das eigenmächtige faktische pädagogische Vorgehen der Erteilung des kooperativ-konfessionellen Religionsunterrichts Tatsachen schaffen, denen ein irreversibler Charakter zukommt.

II. Die bekenntnismäßige Bindung des Religionsunterrichts in der Rechtsordnung

Es ist im folgenden zu prüfen, ob die Veranstaltung und Durchführung eines kooperativ-konfessionellen Religionsunterrichts an der Gesamtschule Weinheim in der dargestellten Weise *rechtlich* zulässig ist. Eine Untersuchung dieser Frage hat von den Bestimmungen auszugehen, die im Grundgesetz für die Bundesrepublik Deutschland, in der Verfassung des Landes Baden-Württemberg vom 11. November 1953 und im baden-württembergischen Gesetz zur Vereinheitlichung und Ordnung des Schulwesens (SchVOG) vom 5. Mai 1964 (GBl. S. 235) über den konfessionellen Charakter des Religionsunterrichts enthalten sind.

Gemäß Art. 7 Abs. 3 Satz 2 GG wird der Religionsunterricht in den öffentlichen Schulen unbeschadet des staatlichen Aufsichtsrechts „in Übereinstimmung mit den Grundsätzen der Religionsgemeinschaften erteilt". Diese Bestimmung wurde aus Art. 149 Abs. 1 Satz 2 der Verfassung des Deutschen Reichs vom 11. August 1919 („Der Religionsunterricht wird in Übereinstimmung mit den Grundsätzen der betreffenden Religionsgesellschaft unbeschadet des Aufsichtsrechts des Staates erteilt") in das Grundgesetz übernommen. Sie wurde in der Weimarer Zeit von der Staatsrechtslehre allgemein dahingehend verstanden, daß damit zum Ausdruck gebracht werde, daß der Religionsunterricht „in konfessioneller Positivität und Gebundenheit" zu erteilen sei[2].

---

[2] Vgl. *Gerhard Anschütz*, Die Verfassung des Deutschen Reichs vom 11. August 1919, 14. Aufl., Berlin 1933, Art. 149, Erl. 4 (= S. 691).

Nach *Landé* ist durch die Anordnung, daß der Religionsunterricht „in Übereinstimmung mit den Grundsätzen der betreffenden Religionsgesellschaft" erteilt werde, „vollkommen klargestellt, daß ‚Religionsunterricht' im Sinne von Art. 149 Abs. 1 RV. nur ein dogmatischer Unterricht, und zwar ein Unterricht über den Bekenntnisinhalt der einzelnen Religionsgesellschaft sein kann"[3].

Weder aus dem objektiven Sinngehalt des Wortlauts der Verfassungsbestimmung des Art. 7 Abs. 3 Satz 2 GG noch aus der Entstehungsgeschichte dieser Bestimmung sind Anhaltspunkte dafür ersichtlich, daß diese Bestimmung des Grundgesetzes über die Konfessionalität des Religionsunterrichts heute anders zu interpretieren ist als während der Weimarer Zeit. Wie *Schmoeckel* überzeugend nachweist, besagt diese Bestimmung des Grundgesetzes, daß der Religionsunterricht in voller und genauer Übereinstimmung mit den Grundsätzen der Religionsgemeinschaften stehen muß und daß er „immer nur für Angehörige jeweils *einer* Religionsgemeinschaft erteilt werden kann". Die Übereinstimmung mit den Grundsätzen der Religionsgemeinschaften muß sich — nach *Schmoeckel* — gerade auf jene Lehren erstrecken, in denen sich die betreffende Religionsgemeinschaft von anderen unterscheidet. Ein „interkonfessioneller" Religionsunterricht, der die *unterschiedlichen* Lehren der einzelnen Bekenntnisse gar nicht oder nur in objektiver, nicht verpflichtender Darlegung behandele, sei daher durch das Grundgesetz ausgeschlossen. Nur für den Fall, daß die „Grundsätze" der betreffenden Religionsgemeinschaften eine religiöse Unterweisung für Schüler verschiedener Bekenntnisse auf einer gemeinsamen Grundlage zulassen sollten, wäre ein solcher interkonfessioneller Religionsunterricht mit der Verfassung vereinbar[4].

Die verfassungsrechtliche Prüfung der Bestimmungen des Grundgesetzes zur Frage der Konfessionalität des Religionsunterrichts ergibt somit eindeutig, daß es sich beim Religionsunterricht gemäß Art. 7 Abs. 3 Satz 2 GG um eine institutionelle Garantie handelt[5], bei deren Verwirklichung die Religionsgemeinschaften das Recht haben, zu verlangen, daß der Unterricht in der Weise erteilt wird, daß nur Schüler eines Bekenntnisses von dazu eigens von der betreffenden Kirche bevollmächtigten (Missio canonica oder Vocatio) Lehrern desselben Be-

---

[3] *Walter Landé,* Die Schule in der Reichsverfassung, Berlin 1929, S. 200.

[4] Vgl. dazu im einzelnen *Reinhard Schmoeckel,* Der Religionsunterricht. Die rechtliche Regelung nach Grundgesetz und Landesgesetzgebung, Berlin-Spandau und Neuwied 1964, S. 134; ferner *Landé,* Die Schule (Anm. 3), S. 201.

[5] Nach *Maunz* ist der Religionsunterricht, wie er durch das Grundgesetz für die Bundesrepublik Deutschland gewährleistet wird, nicht nur eine institutionelle Garantie, sondern auch ein subjektives Recht der Religionsgemeinschaften und u. U. auch der Eltern und der Kinder. Vgl. *Theodor Maunz,* in: Maunz / Dürig / Herzog, Grundgesetz, Kommentar, Art. 7, Rdnr. 47.

kenntnisses nach den dogmatischen Grundsätzen ihrer Kirche oder Religionsgemeinschaft unterrichtet werden. Nur in den Fällen, in denen die zuständigen kirchlichen Oberbehörden der Veranstaltung eines interkonfessionellen Religionsunterrichts zustimmen, darf er auch in interkonfessioneller Weise erteilt werden. Wird an einer Schule der Religionsunterricht in interkonfessioneller Form ohne Zustimmung der zuständigen kirchlichen Oberbehörde oder gar gegen deren ausdrücklichen Widerspruch erteilt, ist die von Art. 7 Abs. 3 Satz 2 des Grundgesetzes geforderte „Übereinstimmung mit den Grundsätzen der Religionsgemeinschaften" für diesen Religionsunterricht nicht mehr gegeben. Die staatliche Unterrichtsverwaltung ist in diesem Falle verpflichtet, dafür Sorge zu tragen, daß der Religionsunterricht entsprechend der Forderung der betreffenden Kirche wieder in konfessioneller Form erteilt wird.

Zum gleichen Ergebnis führt eine Prüfung der landesrechtlichen Bestimmungen des Landes Baden-Württemberg hinsichtlich der Konfessionalität des Religionsunterrichts. Art. 18 der Verfassung des Landes Baden-Württemberg vom 11. November 1953 wiederholt die Bestimmung des Grundgesetzes, daß der Religionsunterricht nach den Grundsätzen der Religionsgemeinschaften, und unbeschadet des allgemeinen Aufsichtsrechts des Staates, von deren Beauftragten erteilt wird. Art. 18 der Verfassung des Landes Baden-Württemberg geht sogar insofern noch über Art. 7 Abs. 3 GG hinaus, als er den Kirchen ausdrücklich auch noch ein Aufsichtsrecht über den Religionsunterricht und seine Erteilung an den öffentlichen Schulen einräumt.

Gemäß § 64 Abs. 2 des Gesetzes zur Vereinheitlichung und Ordnung des Schulwesens (SchVOG) vom 5. Mai 1964 (GBl. S. 235) wird der Religionsunterricht, *nach Bekenntnissen getrennt*, in Übereinstimmung mit den Lehren und Grundsätzen der betreffenden Religionsgemeinschaft von deren Beauftragten erteilt und beaufsichtigt.

Die landesgesetzlichen Bestimmungen des Landes Baden-Württemberg stehen somit mit den Vorschriften des Grundgesetzes völlig im Einklang und schließen die Erteilung eines interkonfessionellen Religionsunterrichts, wie er an der Gesamtschule Weinheim praktiziert wird, sogar ausdrücklich aus. Daraus folgt, daß die Erteilung des kooperativ-konfessionellen Religionsunterrichts, wie er an der Gesamtschule Weinheim erfolgt ist, gesetzwidrig ist.

Zudem wäre eine einzelne Diözese nicht berechtigt, mit einer einzelnen Landeskirche entgegen der Bestimmung des § 64 Abs. 2 SchVOG vom 5. Mai 1964, wonach der Religionsunterricht *nach Bekenntnissen getrennt* erteilt werden muß, eine *interkonfessionelle* Erteilung des

Religionsunterrichts zu vereinbaren, wie sie in Weinheim praktiziert wird. Art. 7 Abs. 3 GG und damit auch die diese institutionelle Garantie der Bundesverfassung verdeutlichende Bestimmung des § 64 Abs. 2 SchVOG ist zwar, ebenso wie andere Verfassungsbestimmungen, bei gewandelten Grundvorstellungen einer fortschreitenden inhaltlichen Interpretation zugänglich. Aber selbst wenn man den Standpunkt verträte, die im Zeitpunkt der Verabschiedung des baden-württembergischen Gesetzes zur Vereinheitlichung und Ordnung des Schulwesens vom 5. Mai 1964 bestehenden theologisch-dogmatisch-religionspädagogischen Vorstellungen hätten sich seit 1964 grundlegend geändert, könnte im Interesse der staatskirchenrechtlichen Rechtseinheit und Rechtsgleichheit im Lande Baden-Württemberg eine Abweichung von der Bestimmung des § 64 Abs. 2 SchVOG nur im gegenseitigen Einvernehmen *sämtlicher* für das Land Baden-Württemberg zuständigen Kirchenleitungen bzw. kirchlichen Oberbehörden vereinbart werden.

Auch wenn man die kooperativ-konfessionelle Erteilung des Religionsunterrichts in Weinheim nur als *Schulversuch* wertet, bestehen dagegen grundsätzliche und schwerwiegende verfassungsrechtliche Bedenken. Die Konfessionalität ist, wie gezeigt, ein Wesensmerkmal des Religionsunterrichts. Wird der Religionsunterricht nicht mehr konfessionell im beschriebenen Sinne, sondern interkonfessionell auf kooperativ-konfessioneller Basis erteilt, handelt es sich nicht mehr um einen Religionsunterricht in dem Sinne, wie er von der Verfassung und dem Staatskirchenrecht bisher vorausgesetzt wird, sondern um etwas wesenhaft anderes. Nach dem Grundgesetz muß der Religionsunterricht „in Übereinstimmung mit den Grundsätzen der Religionsgemeinschaften" erteilt werden. Im Gegensatz etwa zu anderen Schulversuchen und Experimenten auf dem Gebiete der Religionspädagogik bedeutet ein Abgehen vom Konfessionalitätsprinzip einen *Eingriff in den Wesensgehalt des Religionsunterrichts* im bisherigen Sinne, der nicht von den an einer Schule tätigen Religionslehrern oder einem Gremium von Religionslehrern verantwortet werden kann. Auch ist dafür, wie bereits ausgeführt, eine Vereinbarung zwischen einer einzelnen Diözese und einer einzelnen Landeskirche nicht ausreichend, sofern in einem Bundesland mehrere Diözesen oder Landeskirchen bestehen. Von einer „Übereinstimmung mit den Grundsätzen der Religionsgemeinschaften" (Art. 7 Abs. 3 Satz 2 GG) kann vielmehr nur dann die Rede sein, wenn *sämtliche* in einem Bundesland bestehenden kirchlichen Oberbehörden damit übereinstimmen.

Die Einführung eines kooperativ-konfessionellen Religionsunterrichts gerade in der ersten Klasse der Grundschule erscheint auch deshalb in besonderer Weise problematisch, weil auch von religionspädagogischer

Seite darauf hingewiesen wird, daß der Religionsunterricht in der Grundschule — etwa im Gegensatz zur gymnasialen Oberstufe — die Aufgabe habe, in „religiöse Vollzüge einzuüben". Eine solche „Einübung" mit Einschluß des praktischen Betens und der Einführung in die Grundkategorien der kirchlichen Liturgie setzt aber gerade den konfessionellen Religionsunterricht voraus. Das gilt am allermeisten für die erste Klasse der Grundschule, in der die Kinder von Religionslehrern, die von ihrer Kirche durch die Missio canonica oder die Vocatio einen besonderen Auftrag haben, in die Anfänge ihres Glaubensverständnisses eingeführt werden sollen[6].

Würde der von Verfassungs wegen und auch seinem Selbstverständnis nach religiös-neutrale moderne Staat, der selber keine weltanschauliche oder religiöse Grundlage hat und haben darf, ohne Zustimmung oder gar gegen den erklärten Willen der zuständigen Kirchenleitungen einen interkonfessionellen oder kooperativ-konfessionellen Religionsunterricht im dargelegten Sinne veranstalten und auf diese Weise die Bildung einer neben den beiden großen Konfessionen bestehenden „dritten Konfession" fördern wollen[7], würde das eine schwerwiegende Verletzung der Glaubensfreiheit der dadurch betroffenen Kirchen und ihres kirchlichen Selbstbestimmungsrechts bedeuten.

III. Zusammenfassung

Die vorliegende gutachtliche Stellungnahme kommt zu dem Ergebnis, daß die Erteilung des kooperativ-konfessionellen Religionsunterrichts in den beiden ersten Klassen (Grundstufe) der Gesamtschule in Weinheim im Widerspruch zu Art. 7 Abs. 3 Satz 2 des Grundgesetzes steht, wonach der Religionsunterricht „in Übereinstimmung mit den Grundsätzen der Religionsgemeinschaften" erteilt werden muß, und außerdem die einschlägigen Bestimmungen der Verfassung des Landes Baden-Württemberg und des baden-württembergischen Gesetzes zur Vereinheitlichung und Ordnung des Schulwesens vom 5. Mai 1964 verletzt. Die Schulverwaltung des Landes Baden-Württemberg ist verpflichtet, zu veranlassen, daß die Erteilung des kooperativ-konfessionellen Religionsunterrichts an der Gesamtschule in Weinheim eingestellt und der Religionsunterricht in konfessioneller Form erteilt wird.

---

[6] Vgl. dazu das Interview des Mainzer Religionspädagogen *Günter Stachel*, „Kann sich der Religionsunterricht regenerieren? Ein Gespräch mit Prof. Günter Stachel", in: Herder-Korrespondenz 26 (1972), S. 593.

[7] Darüber, daß eine „dritte Konfession" nicht außerhalb der bestehenden Kirchen und am „Amt der Kirche vorbei" gebildet werden kann, vgl. *Karl Rahner*, Christen zwischen den Kirchen. Erwägungen zu einer dritten Konfession, in: Evangelische Kommentare 6 (1973), S. 16.

Die Teilnahme von Schülern anderer Konfession am Religionsunterricht*

Von Ulrich Scheuner

1. In der Praxis der hessischen Schulen hat sich in stärkerem Umfang erst in den letzten Jahren der Brauch ergeben, auch die Teilnahme von Schülern anderen Bekenntnisses am Religionsunterricht zuzulassen. Diese Praxis steht im Gegensatz zu der anderer Länder, z. B. Nordrhein-Westfalens. Zu ihrer Begründung hat der Hessische Kultusminister in seinem Schreiben vom 18. April 1973 (Az. III B 3 — 820/120 — 8 —) darauf verwiesen, daß zwar Einverständnis bestehe, daß der Religionsunterricht in Übereinstimmung mit der Lehre der Religionsgemeinschaft zu erteilen sei und daß auch die Konfessionalität der Lehrer infolge der vorgesehenen kirchlichen Mitwirkung bei ihrer Bestellung keine Frage bilde, daß aber in den verfassungsrechtlichen Vorschriften des Bundes wie auch der hessischen Verfassung (Art. 57) nirgends davon die Rede sei, daß eine Geschlossenheit der Schüler in konfessioneller Hinsicht geboten sei. Es sei vielmehr davon auszugehen, daß der Religionsunterricht ein persönliches Wahlfach sei, über dessen Wahl die Erziehungsberechtigten bzw. der religionsmündige Schüler Bestimmung träfen.

2. Diese Auffassung erweist sich an Hand der Entwicklung der Verfassungslage und der Natur des Religionsunterrichtes als nicht haltbar. Es ist zunächst nicht zutreffend, den Religionsunterricht als „Wahlfach" zu bezeichnen. Er ist gemäß Art. 7 Abs. 3 Satz 1 GG ordentliches Lehrfach. Von ihm besteht eine Möglichkeit der Befreiung, die der freien Gewissensentscheidung unterliegt, durch die aber dieses Fach nicht zu einem Wahlfach wird[1]. Es ist aber ferner auch nicht richtig, davon auszugehen, daß die Befugnis der Erziehungsberechtigten (bzw. des Schülers), über die Teilnahme am Religionsunterricht zu bestimmen, eine inhaltlich freie Berechtigung enthalte, auch am Religionsunterricht einer anderen Konfession teilzunehmen. Die Bestimmung hat den

---

* Gutachtliche Äußerung vom 24. Oktober 1973.
[1] *Reinhard Schmoeckel*, Der Religionsunterricht. Die rechtliche Regelung nach Grundgesetz und Landesgesetzgebung, Berlin-Spandau und Neuwied 1964, S. 62.

Sinn, Gewissenszwang zu vermeiden, d. h. sie ermöglicht denen, die nicht am Religionsunterricht teilzunehmen wünschen, sich hiervon freizustellen. Nur eine solche Auslegung entspricht der Entwicklung der einschlägigen Verfassungsbestimmungen.

3. Der Religionsunterricht ist ein staatlicher Unterricht, der — abgesehen von der vorgesehenen Befreiung — an dem Charakter der gesamten schulischen Unterweisung teilnimmt. In den Beratungen zur Weimarer Reichsverfassung hat man nach eingehender Erörterung, ob der Unterricht als kirchlicher zu gestalten sei, sich für diese staatliche Lösung entschieden. Daß der Religionsunterricht in dieser Form in die Schule eingefügt wurde, beruht auf einer doppelten Erwägung. Man ging davon aus, daß die staatliche Erziehung auch die sittlichen Grundlagen der Persönlichkeit einschließe und daß hierfür — da man nicht von der Wirksamkeit eines bloßen Unterrichts in Sittenlehre überzeugt war — der religiöse Unterricht eine Grundlage biete. Zum anderen aber hielt man es für richtig, daß der Staat, nachdem er ganz überwiegend die Schule an sich gezogen habe, dem Verlangen der Eltern nach religiöser Erziehung ihrer Kinder entspreche[2].

Auf dieser Basis beruht die Regelung, daß der staatliche Unterricht in Übereinstimmung mit den Kirchen erteilt wird, soweit es seine inhaltliche Gestaltung betrifft. Dabei hat sich in der Auffassung heute ein Wandel insoweit vollzogen, als die frühere Ansicht[3], der Unterricht müsse ein „dogmatischer" sein, in der heutigen Religionspädagogik nicht mehr in gleichem Sinne verstanden wird. Sie sieht den Unterricht vielmehr als einen wissenschaftlichen an, der in die Lehre eines Bekenntnisses einführt und zugleich Gelegenheit bietet, mit dem Schüler grundsätzliche Lebensfragen zu erörtern.

4. Aus den vorstehenden Darlegungen ergibt sich, daß sowohl der Gehalt des Unterrichts an die Grundsätze eines Bekenntnisses gebunden ist, wie auch die Übereinstimmung des Lehrers mit diesem vorausgesetzt wird. Die näheren, teilweise vertraglichen Regelungen, die die einzelnen Länder getroffen haben, sowohl für die Ausbildung wie für die Bestellung der Lehrer, stellen die Übereinstimmung der Lehrer mit dem Bekenntnis sicher.

Es ist richtig, daß sich in den Bestimmungen der Verfassungen keine ausdrückliche Vorschrift über die Zugehörigkeit der Schüler als Teil-

---

[2] Vgl. die Diskussionswiedergabe bei *Walter Landé*, Die Schule in der Reichsverfassung, Berlin 1929, S. 182—192. Vgl. auch insbesondere die Äußerung des Regierungsvertreters *von Harnack* in: Verhandlungen der verfassungsgebenden Deutschen Nationalversammlung. Anlagen zu den Stenographischen Berichten. Bericht und Protokolle des Achten (Verfassungs-)Ausschusses, Drucksache Nr. 391, Bd. 336, Berlin 1920, S. 227.

[3] *Landé*, Die Schule (Anm. 2), S. 200.

nehmer am Religionsunterricht zu einem Bekenntnis findet. Das beruht indessen darauf, daß man von dieser Zugehörigkeit als *selbstverständlich* ausging. Auch heute noch steht die ganz überwiegende Lehre auf dem Standpunkt, daß es für den einer Religionsgemeinschaft angehörenden Schüler keiner besonderen Anmeldung bedarf. Er nimmt an dem Unterricht seines Bekenntnisses teil[4].

Dieses Verfahren ist aber notwendig mit der Zuweisung der Kinder zu dem Religionsunterricht ihrer Konfession verbunden. Zu diesem Zwecke darf auch gemäß Art. 136 Abs. 3 WRV die Konfessionszugehörigkeit des Kindes erhoben werden[5].

Der Gedanke, daß sich ein Kind zum Religionsunterricht eines fremden Bekenntnisses anmelden könne, lag den Verfassern der Weimarer Verfassung wie auch des Grundgesetzes fern. Daher bemerkte auch *Landé*, einer der führenden Autoren dieses Rechtsgebiets, unter Hinweis auf die Bindung des Religionsunterrichts an das Bekenntnis, daß ein interkonfessioneller Unterricht ausgeschlossen sei, wenn nicht die Grundsätze einer Religionsgesellschaft solche gemeinsame Unterrichtung vorsehen würden[6].

Nur in diesem begrenzten Sinne einer Freiheit der Abmeldung vom Religionsunterricht ist auch in der Literatur jeweils die Entscheidung der Erziehungsberechtigten bzw. der Schüler verstanden worden[7].

5. Eine andere Lösung würde den Charakter des Religionsunterrichts beeinträchtigen. Auch wenn man davon ausgeht, daß er nicht ein auf die dogmatische Seite allein abgestellter Unterricht ist, muß ihm jedoch eine gewisse Geschlossenheit in einem Bekenntnis bleiben. Das ist durch die Vorschrift, daß er in Übereinstimmung mit den Grundsätzen der Religionsgemeinschaften zu erteilen ist, normativ festgelegt. Sicherlich wird heute, angesichts der stärker ökumenischen Einstellung der Konfessionen, der Unterricht durch Anwesenheit bekenntnisfremder Schüler nicht in der positiven Darlegung der Lehre ohne weiteres behindert. Aber die Religionsgemeinschaften können mit Recht darauf Wert legen, daß er auch im Besuch ein bekenntnismäßig geschlossener bleibt. Bei einem erheblichen Anteil bekenntnisfremder Schüler würde die Entfaltung der Lehre eines Bekenntnisses leiden können, es würde

---

[4] *Schmoeckel*, Der Religionsunterricht (Anm. 1), S. 102 f.; *Ernst Friesenhahn*, Religionsunterricht und Verfassung, in: Essener Gespräche zum Thema Staat und Kirche, Bd. 5, Münster 1971, S. 84.

[5] *Friesenhahn*, Religionsunterricht und Verfassung (Anm. 4), S. 84.

[6] *Landé*, Die Schule (Anm. 2), S. 201.

[7] So auch *Gerhard Anschütz*, Die Verfassung des Deutschen Reichs vom 11. August 1919, 14. Aufl., Berlin 1933, S. 690; *Reinhart von Drygalski*, Die Einwirkungen der Kirchen auf den Religionsunterricht an öffentlichen Schulen, Göttingen 1967, S. 151.

auch die gemeinsame Wissensgrundlage fehlen. Auch für die didaktische Darstellung ergeben sich zusätzliche Schwierigkeiten. Durch die Zulassung einer Beteiligung bekenntnisfremder Kinder ohne Einwilligung des Lehrers und ohne Verständigung mit den Religionsgemeinschaften würde der Staat die ihm durch Art. 7 Abs. 3 des Grundgesetzes auferlegten Pflichten nicht erfüllen, einen inhaltlich bekenntnismäßig gebundenen Unterricht darzubieten.

Die gegenteilige Ansicht, die *Friesenhahn*[8] vertreten hat, vermag nicht zu überzeugen. Er stellt wie die hessische Behörde darauf ab, daß es nur darauf ankomme, daß der konkret erteilte Unterricht in Übereinstimmung mit dem Bekenntnis stehe. Gerade vom Boden moderner pädagogischer Unterrichtsformen aus, in denen der Gegenstand gesprächsweise erarbeitet wird, ist aber eine solche Auffassung, die einen reinen Lehrvortrag voraussetzt, nicht gerechtfertigt. Wenn der Lehrgegenstand gemeinsam erarbeitet wird, ist auch das Bekenntnis des Schülers für die Wahrung der „Übereinstimmung" von Bedeutung.

6. Die Vorschriften des Art. 7 GG stehen in einem gewissen Umfang zur Disposition der Beteiligten. Wenn sich Lehrer und die betreffende Religionsgemeinschaft einverstanden erklären, so wird die Anwesenheit andersherkonfessioneller Schüler möglich sein. In kleinen Orten, wo ein Schüler eine Unterrichtung im eigenen Bekenntnis nicht erreichen kann, mögen solche Fragen sich ohne Schwierigkeit lösen. Im Rahmen der neueren Bestrebungen, in der Sekundarstufe II die Teilnahme am Religionsunterricht der anderen Konfession zu ermöglichen, wird es aber von dem Einverständnis der beteiligten Religionsgemeinschaft abhängen. Es kann hier auf die von einer Sonderkommission im Auftrag der Deutschen Bischofskonferenz erarbeitete entsprechende „Erklärung zum Religionsunterricht" vom 17. Dezember 1970 hingewiesen werden, die zugleich auch die Grenzen aufzeigt[9].

7. Eine andere Auffassung würde auch den Charakter des Bestimmungsrechts des Art. 7 Abs. 2 GG (entsprechend Art. 58 Hess. Landesverfassung) verkennen. Diese Bestimmungen sind ein klarer Ausfluß der Glaubens- und Gewissensfreiheit. Sie sollen eine Belastung des Gewissens verhüten. Daher spricht auch Art. 58 Hess. LV ausdrücklich nur von der Entscheidung über die „Teilnahme", nicht von der Möglichkeit einer freien Wahl des Religionsunterrichts verschiedener Bekenntnisse. Die Vorstellung, daß der Religionsunterricht überhaupt

---

[8] *Friesenhahn*, Religionsunterricht und Verfassung (Anm. 4), S. 111.

[9] Vgl. Erklärung zum Religionsunterricht vom 17. Dezember 1970, erarbeitet im Auftrag der Deutschen Bischofskonferenz von der Sonderkommission für Fragen des Religionsunterrichts in den Schulen, in: ArchkathKR 140 (1971), S. 544 ff.; abgedruckt u. a. auch in: Herder-Korrespondenz 25 (1971), S. 193 f.

eine Art Wahlfach sei, steht bei dieser Ansicht, man könne auch den Inhalt ohne weiteres wählen, Pate. Daß sie unrichtig ist, ist früher dargetan worden. Der Religionsunterricht setzt grundsätzlich Homogenität der Schüler ebenso wie die Zugehörigkeit des Lehrers zu dem betreffenden Bekenntnis voraus. Ohne Mitwirkung des Lehrers, dessen Gewissen auch gemäß Art. 7 Abs. 3 GG geschützt ist, kann eine solche Veränderung der Grundlage des Unterrichts nicht erfolgen. Aber auch die Religionsgemeinschaften können verlangen, daß die Übereinstimmung mit ihren Grundsätzen auch dadurch gesichert ist, daß die Zusammensetzung der Schüler, auf deren Mitarbeit es in der modernen Pädagogik wesentlich ankommt, einheitlich ist. Abweichungen bedürfen demgemäß der Zustimmung dieser Beteiligten.

Auch unter didaktischen Gesichtspunkten muß der Religionsunterricht, wie andere Fächer, über Jahre hindurch aufgebaut werden, und würden Wechsel daher die Erreichung der Lehrziele nicht genügend gewährleisten.

Es mag endlich auf eine Parallele aus einem anderen Gebiet hingewiesen werden, die diese Auslegung bestätigt. Dort, wo ein Unterricht auf vorgegebenen Eigenschaften des Schülers — und zu ihnen gehört für den Religionsunterricht die Bekenntniszugehörigkeit — aufbaut, kann kein vollkommen freies subjektives Wahlrecht sinnvoll sein. Das zeigt sich etwa bei der Sprachwahl in mehrsprachigen Gebieten. Hier hat man stets gefordert, daß die Erziehungsberechtigten, wenn sie ihr Kind für eine Sprachgruppe anmelden, auch den Nachweis bringen, daß das Kind Grundkenntnisse besitzt, die ihm das Folgen in dieser Sprache ermöglichen.

8. Abschließend gelange ich daher zu dem Ergebnis, daß die Teilnahme bekenntnisfremder Schüler an dem Religionsunterricht nicht in ihrer freien Entscheidung allein steht. Die durch Art. 7 Abs. 3 GG eingeräumte Freiheit der Abmeldung greift hier nicht ein, weil hier eine Gewissensbeschwerung nicht vorliegt. Niemand kann behaupten, daß er im Gewissen durch die Teilnahme am Religionsunterricht seines Bekenntnisses beschwert würde. Zugleich aber verändert die Teilnahme eines erheblichen Teils bekenntnisfremder Schüler den Charakter des Unterrichts, weil damit die Übereinstimmung von der Seite der pädagogisch zur Mitwirkung aufgerufenen Kinder fehlt. Es bedarf daher, um eine solche Teilnahme zu ermöglichen — insofern besteht hier keine zwingende Rechtslage, sondern kann eine Verständigung möglich sein —, sowohl des Einverständnisses des Lehrers wie der Religionsgemeinschaft, deren Unterricht berührt wird.

Öffnung des Religionsunterrichts auf der Sekundarstufe für Schüler der anderen Konfession*

Von Ulrich Scheuner

I.

1. In einigen Ländern der Bundesrepublik Deutschland wird derzeit die Einführung einer Form des Religionsunterrichts in der Sekundarstufe II (Kollegstufe) erwogen, bei der der Religionsunterricht getrennt nach Konfessionen angeboten wird, die Schüler aber nach ihrer Entscheidung auch den Religionsunterricht der anderen Konfession besuchen können. Modifikationen dieser Form bestehen darin, daß nur ein Teil des Unterrichts der Sekundarstufe II für diese Wahl freigegeben wird, etwa in der Art, daß von fünf Halbjahren drei für den Besuch des Religionsunterrichts der eigenen Konfession vorgesehen sind, zwei Halbjahre die Wahl offen lassen. Dabei ist es auch möglich, daß diese Lösung zeitlich so angeordnet wird, daß die letzten drei Halbjahre des Religionsunterrichts in der eigenen Konfession besucht werden. In jedem Falle würde bei dieser Lösung stets eine Benotung des Religionsunterrichts stattfinden, auch die Versetzungserheblichkeit — soweit sie landesrechtlich vorgesehen ist — würde nicht berührt. Ohne daß auf die hier erwähnten Unterschiede im einzelnen eingegangen wird, soll im folgenden geprüft werden — im besonderen Blick auf die Lage in Baden-Württemberg —, welche Probleme staatskirchenrechtlicher Art sich aus diesen beabsichtigten Formen des Religionsunterrichts ergeben.

2. Für den Religionsunterricht wird der rechtliche Rahmen zunächst abgesteckt durch Art. 7 GG, der für die Länder bindendes Recht darstellt. Daneben treten das in Verfassung und Gesetz enthaltene Landesrecht wie auch eingreifende kirchenvertragliche Bestimmungen. Die Länder können ihrerseits die Richtbestimmungen des Grundgesetzes über die Schule nicht abändern. Neue Entwicklungen können daher nur soweit vor sich gehen, als sie sich im Rahmen der grundgesetzlichen Vorschriften halten.

---

* Gutachtliche Äußerung vom 16. Januar 1974.

Eine Entwicklungsmöglichkeit für diese Bestimmungen liegt darin, daß sie auf tatsächliche Verhältnisse Bezug nehmen, die sie voraussetzen, die aber von ihnen nicht normativ festgelegt, sondern nur in Bezug genommen werden. Treten in diesen Verhältnissen Änderungen ein, so wird dadurch die Norm des Art. 7 GG nicht verändert, aber sie muß mit den im faktischen Bereich eingetretenen Veränderungen nunmehr neu in Beziehung gesetzt werden. Wenn in Art. 7 GG z. B. die „Volksschule" in Bezug genommen wird, so wird sie nicht in der beim Erlaß des Grundgesetzes vorhandenen Form festgelegt, sondern Fortbildungen bleiben möglich. Die Bestimmungen des Art. 7 GG müssen mit diesen dann sinngemäß in neue Beziehung gesetzt werden[1].

Eine solche, wenngleich wiederum etwas andere Bezugnahme ist in Art. 7 Abs. 3 durch den Hinweis auf „Grundsätze der Religionsgesellschaften" gegeben. Der Staat legt diese nicht fest. Er verweist auf sie und damit auch auf etwaige Fortentwicklungen und Fortbildungen in ihnen. Hier ist sowieso eine Wandlung eingetreten. Verstand noch die Weimarer Zeit diese Wendung als Hinweis auf einen dogmatischen Charakter des Religionsunterrichts[2], so wird heute der Religionsunterricht als ein wissenschaftlicher Unterricht verstanden, der in die Lehre eines Bekenntnisses einführt, vergleichenden Hinweisen offen bleibt und zugleich die Gelegenheit bietet, mit dem Schüler grundsätzliche Lebensfragen zu erörtern. Allerdings vollziehen sich die in dieser Hinsicht sich ergebenden Änderungen nicht durch eine Umgestaltung staatlicher Einrichtungen, sondern sie beruhen auf dem auch innerkirchlich gewandelten Verständnis der Aufgabe und der Ausrichtung des Religionsunterrichts.

In diesen Bereich fällt auch die hier zu untersuchende Frage einer Öffnung des Religionsunterrichtes auf der Sekundarstufe für Schüler der anderen Konfession. Diese Änderung steht nicht außer Zusammenhang mit den vom Staate inaugurierten grundlegenden Änderungen der Oberstufe, die nunmehr von einem festen Unterrichtsplan abgeht und dem Schüler eine individuelle Gestaltung seines Unterrichtsplanes durch Wahl im Rahmen eines Kurssystems öffnet. Die neuen in Aussicht genommenen Formen des Religionsunterrichts streben danach, sich in diese grundsätzliche Umgestaltung der Oberstufe einzufügen. Der Unterricht bleibt Pflichtfach, aber da die anderen Fächer als solche beweglicher ausgestaltet werden und in ihnen Wahlmöglichkeiten eröffnet werden, wird auch im Religionsunterricht eine Wahlmöglichkeit

---

[1] Vgl. meine Darlegung „Normative Gewährleistungen und Bezugnahme auf Fakten im Verfassungstext", in: Öffentliches Recht und Politik. Festschrift für Hans Ulrich Scupin zum 70. Geburtstag, hrsg. von Norbert Achterberg, Berlin 1973, S. 327, 340.

[2] *Walter Landé*, Die Schule in der Reichsverfassung, Berlin 1929, S. 200.

geschaffen. Der Religionsunterricht bleibt nach Konfessionen getrennt, aber die Schüler werden nicht mehr wie in der bisherigen Praxis dem Religionsunterricht ihres Bekenntnisses notwendig zugeführt, sondern können wählen. Es erhebt sich freilich die Frage, ob diese Umgestaltung des Religionsunterrichts sich mit den Grundlagen des Art. 7 GG vereinbaren läßt.

II.

3. Die Ausgestaltung des Religionsunterrichts in der Weise, daß er auch Schülern anderer Konfession geöffnet wird, stellt eine Fortbildung dar. Es dürfte keinem Zweifel unterliegen, daß die frühere Praxis des Religionsunterrichts stets von der Annahme ausgegangen ist, daß er konfessionell getrennt sei und jeweils für die Angehörigen eines Bekenntnisses erteilt werde. In den gesetzlichen Vorschriften, auch Art. 7 GG, wird freilich stets nur festgelegt, daß der Religionsunterricht inhaltlich an den „Grundsätzen der Religionsgesellschaften" auszurichten ist, und es wird angeordnet, daß die Lehrer dem betreffenden Bekenntnis zugehören. Hinsichtlich der Schüler fehlt es an dieser normativen Festlegung. Es ist indes mit Sicherheit davon auszugehen, daß die religiöse Zusammensetzung der Schüler entsprechend dem Bekenntnis, in dem der Religionsunterricht erteilt wird, eine vorausgesetzte Eigenschaft des Religionsunterrichts war. Wir können das indirekt Äußerungen der Literatur entnehmen, auch wenn diese sich direkt zu der als selbstverständlich angenommenen Homogenität der Schüler nicht äußert. So lesen wir bei *Landé*[3]:

„Nur der Bekenntnisinhalt einer einzelnen Religionsgesellschaft ist nach positiver Bestimmung des Art. 149 RV. möglicher Inhalt des Religionsunterrichts. Denn Abs. 1 Satz 3 sagt, daß der Religionsunterricht in Übereinstimmung mit den Grundsätzen der ‚betreffenden' Religionsgesellschaft erteilt werden muß. Interkonfessioneller Religionsunterricht ist dadurch grundsätzlich ausgeschlossen. Nur wenn und soweit etwa die ‚Grundsätze' einer einzelnen Religionsgesellschaft es gestatten oder vorschreiben sollten, religiöse Unterweisung Schülern in Gemeinschaft mit Schülern anderer Religionsgesellschaften auf einer irgendwie gearteten gemeinsamen Grundlage zu geben, wäre solch Religionsunterricht mit der Verfassung vereinbar."

Diese Äußerung *Landés* richtet sich zunächst gegen alle Arten interkonfessionellen Unterrichts. Es geht aber aus ihr deutlich hervor, daß der Verfasser von der Regelung ausgeht, daß Schüler den Religionsunterricht ihres Bekenntnisses zu besuchen haben[4].

---

[3] *Landé,* Die Schule (Anm. 2), S. 201.
[4] In die gleiche Richtung weist eine Äußerung von *Paul Feuchte* anläßlich der Diskussion der Religionsmündigkeit der Jugendlichen, „Wer entscheidet über die Teilnahme des Kindes am Religionsunterricht?", in: DÖV 1965, S. 665: „Man ist sich darüber einig, daß die Eltern bei allen Erziehungsmaß-

Auch wenn also die Praxis, daß die Schüler jeweils am Religionsunterricht ihres Bekenntnisses teilzunehmen hatten, nicht besonders normativ ausgesprochen war, so entsprach sie der von den gesetzlichen Vorschriften vorausgesetzten Übung. Das schloß nicht aus, daß in Grenzfällen, in denen Schüler einen Religionsunterricht ihres Bekenntnisses nicht erreichen konnten, sie auch an dem Religionsunterricht im anderen Bekenntnis teilnehmen konnten. Das waren aber durch örtliche Verhältnisse bedingte Ausnahmen.

4. Dieser Übung kann nicht entgegengehalten werden, daß die bestehenden Rechtsvorschriften keine solche bindende Zuweisung an den Religionsunterricht des betreffenden Bekenntnisses enthalten und daß die Wahl des Bekenntnisses, in welchem er den Religionsunterricht nehmen wolle, daher dem Schüler (bzw. den Erziehungsberechtigten) offenstehe. Diese Ansicht beruft sich auf das Fehlen entsprechender Bestimmungen wie darauf, daß gegenüber der statthaften Abmeldung vom Religionsunterricht die Wahl des Religionsunterrichts der anderen Konfession die geringere Abweichung darstelle. Dieser Meinung kann nicht gefolgt werden. Sie stützt sich darauf, daß gemäß Art. 7 Abs. 2 GG die Erziehungsberechtigten (bzw. später der Schüler selbst) über die Teilnahme am Religionsunterricht bestimmen und daß hier nicht die Rede von der Teilnahme am Religionsunterricht der eigenen Konfession ist. Auch meint sie, daß aus dem Recht der Abmeldung als dem Mehr das Weniger der freien Wahl der Teilnahme am Religionsunterricht der eigenen oder der anderen Konfession zu folgern sei. Zum ersten ist zuzugeben, daß der Wortlaut des Art. 7 Abs. 2 keine Bindung für den Religionsunterricht der eigenen Konfession enthält und daß insoweit die Schulbehörde die Erklärung der Erziehungsberechtigten hinnehmen muß[5]. Indes kommt es nach der Praxis in vielen Bundesländern nicht zu einer ausdrücklichen Erklärung, weil die Schüler entsprechend dem angegebenen Bekenntnis dem Religionsunterricht ihrer Konfession zugewiesen werden. Wenn in der Literatur von „Wahl", von „Entscheidung über die Teilnahme" die Rede ist, so ist dieser andersgelagerte Fragepunkt gemeint. Er bezieht sich darauf, ob es für die Teilnahme am Religionsunterricht einer besonderen *positiven* Äußerung bedarf (bzw. ob sie gefordert werden kann) oder ob die Schulverwaltung einfach, sofern nicht Abmeldungen vorliegen, von der Verpflichtung zur Teilnahme am Religionsunterricht der eigenen Konfession ausgehen kann[6].

---

nahmen die Entscheidung des Kindes über sein Bekenntnis zu respektieren haben. Sie können das Kind also nur in den Religionsunterricht der von ihm gewählten Konfession schicken."

[5] *Reinhart von Drygalski*, Die Einwirkungen der Kirchen auf den Religionsunterricht an öffentlichen Schulen, Göttingen 1967, S. 75.

Diese Frage, die im Sinne der ersteren Meinung — „keine besondere Erklärung nötig" — zu entscheiden ist, betrifft aber eine andere Frage, nämlich die, ob die Schulbehörde die Pflicht zur Teilnahme — abgesehen von einer Abmeldung — einfach aus dem Bekenntnis ableiten kann (das trifft zu) oder noch eine besondere Erklärung der Erziehungsberechtigten zur Teilnahme am Religionsunterricht nötig ist. Auch wer die Meinung vertritt, eine solche Erklärung sei nötig oder könne jedenfalls verlangt werden, tritt damit nicht für ein Wahlrecht zwischen dem Religionsunterricht der eigenen oder einer anderen Konfession ein. Richtig ist nur, daß die Erziehungsberechtigten bzw. der mündige Schüler sich für den Religionsunterricht einer anderen Konfession entscheiden können. Darin liegt aber im bisherigen System die Änderung der religiösen Erziehung (wenn auch noch nicht notwendig ein Konfessionswechsel oder die Vorbereitung eines solchen). Damit wird das Bestimmungsrecht der Erziehungsberechtigten hier bereits ab 12. Lebensjahr gemäß § 5 RKEG eingeengt; das Kind muß zustimmen.

Ist somit klargestellt, daß die vorhandenen literarischen Äußerungen über eine Befugnis zur freien Entscheidung über die Teilnahme nur diese engere Frage betreffen, nicht aber davon ausgehen, nach Art. 7 GG sei ein Wahlrecht zwischen der Teilnahme am Religionsunterricht der eigenen oder einer anderen Konfession begründet, so läßt sich dies Wahlrecht auch nicht aus dem Recht der Abmeldung ableiten. Dies Recht steht den Erziehungsberechtigten zu, wird aber von der herrschenden Lehre nach Erreichung des 14. Lebensjahres dem Jugendlichen selbst zugestanden, weil insoweit auch im Rahmen des Art. 7 Abs. 2 GG die Vorschrift des § 5 RKEG dem Jugendlichen das Bestimmungsrecht zuweist[7].

---

[6] Die letztere Meinung vertritt *Hans Peters*, Elternrecht, Erziehung, Bildung und Schule, in: Die Grundrechte, hrsg. von Bettermann, Nipperdey und Scheuner, Bd. IV/1, Berlin 1960, S. 415; *Ernst Friesenhahn*, Religionsunterricht und Verfassung, in: Essener Gespräche zum Thema Staat und Kirche, hrsg. von J. Krautscheidt und H. Marré, Bd. 5, Münster 1971, S. 84. Dagegen nehmen an, daß eine besondere Erklärung der Erziehungsberechtigten nötig sei: *Hermann von Mangoldt*, Das Bonner Grundgesetz, 2. Aufl. von *Friedrich Klein*, Bd. 1, Berlin-Frankfurt/M. 1957, Anm. IV, 4 zu Art. 7; *von Drygalski*, Die Einwirkungen der Kirchen (Anm. 5), S. 75. Doch betonen *von Mangoldt / Klein*, daß hierbei die Konfession anzugeben sei, gehen also von der grundsätzlichen Zuweisung zum Religionsunterricht der eigenen Konfession aus.

[7] In diesem Sinne für Bestimmung des Jugendlichen BGHZ 21, S. 340 ff.; *Friesenhahn*, Religionsunterricht und Verfassung (Anm. 6), S. 86 ff. Für Bestimmung der Erziehungsberechtigten auch nach 14 Jahren Alter BVerwGE, 15 S. 138; *Sättler*, Die Religionsmündigkeit nach § 5 Satz 1 des Gesetzes über die religiöse Kindererziehung v. 15. 7. 1921 im Verhältnis zu Art. 7 Abs. 2 GG, in: DVBl. 1950, S. 17 f.; *Feuchte*, Wer entscheidet (Anm. 4), S. 665 ff.

Die Frage, ob ein Erziehungsberechtigter bzw. der Jugendliche die Teilnahme am Religionsunterricht der anderen Konfession begehren kann, ist bisher nicht ausdrücklich untersucht worden. Richtig ist nur, daß die Unterrichtsbehörden dem Wunsche, wenn damit ein Wechsel der religiösen Erziehung beabsichtigt wird, nicht widersprechen können[8]. Dabei handelt es sich aber um besondere Fälle, nicht ein allgemeines Wahlrecht.

Ein solches allgemeines Wahlrecht zwischen dem Religionsunterricht der eigenen oder einer anderen Konfession ergibt sich auch nicht als das Minus gegenüber dem Majus aus dem Recht zur Abmeldung. Die Abmeldung ist etwas anderes. Sie kann nicht auf ihre Motive geprüft werden, ist eine einfache Erklärung (daher auch dem Mißbrauch ausgesetzt)[9], aber nur dies Recht ist in Art. 7 gewährt. Abmeldung bedeutet Geltendmachung der in Art. 7 Abs. 2 durchschimmernden Gewissensfreiheit (Art. 4 GG), ist also ein Akt der Ablehnung des religiösen Unterrichts. Aus ihm kann in keiner Weise eine Befugnis abgeleitet werden, die Teilnahme am Religionsunterricht der anderen Konfession zu begehren.

Es kann also festgestellt werden, daß ein Recht, nach freier Wahl am Religionsunterricht der anderen Konfession teilzunehmen — von besonderen Fällen der Änderung der religiösen Erziehung abgesehen — aus Art. 7 Abs. 2 GG nicht herzuleiten ist. Ein solches allgemeines Wahlrecht könnte nur durch staatliche Gesetzgebung begründet werden (bzw. Normen auf Grund staatlicher Gesetze). Diese würden aber die „Grundsätze der Religionsgemeinschaften" berühren und bedürften daher der Abstimmung mit diesen Religionsgemeinschaften.

5. Es ist dargelegt worden, daß der Religionsunterricht nach der bisherigen Übung und auch nach der für die Rechtsnormen vorauszusetzenden Grundannahme in der eigenen Konfession zu erteilen war. Die Lage war hier nicht anders als in der Bekenntnisschule, wo ebenfalls grundsätzlich der Besuch der Schule des eigenen Bekenntnisses vorausgesetzt wurde, ohne daß dies in Art. 7 ausdrücklich ausgesprochen ist. Es ist auch zu berücksichtigen, daß die Teilnahme von Schülern anderer Konfession am Unterricht aus Gründen der Toleranz eine Rücksichtnahme bewirken kann und muß, die den Charakter des Unterrichts berühren kann[10].

---

[8] So wohl auch *von Drygalski,* Die Einwirkungen der Kirchen (Anm. 5), S. 75, 81.

[9] *Friesenhahn,* Religionsunterricht und Verfassung (Anm. 6), S. 87.

[10] Für Bekenntnisschulen hat sich in diesem Sinne einer Berücksichtigung der Toleranz ausgesprochen der BayVerfGH (Urteil vom 14. 7. 1967), in: BayVerfGHE 20 II S. 134.

Auch wenn diese Frage angesichts der stärkeren ökumenischen Gesinnung heute im Religionsunterricht keine so wesentliche Rolle mehr spielen wird, jedenfalls dessen konfessionellen Charakter nicht beeinträchtigt[11], so wirkt die Teilnahme von Schülern anderer Konfession doch auf die innere Gestaltung des Unterrichts ein, auch für diese Schüler selbst, so daß insoweit der Staat nicht allein bestimmen und verfügen kann. Er muß vielmehr, da die Bestimmung über die „Grundsätze der Religionsgesellschaften" eingreift, sich mit diesen verständigen.

6. Es unterliegt keinem Zweifel, daß es sich bei dem beabsichtigten Unterricht, der den Besuch des Religionsunterrichts der eigenen oder einer anderen Konfession freistellt, um eine Fortbildung der Gestaltung des Religionsunterrichts handelt. Hält er sich in den Grenzen des Art. 7 GG? Man wird diese Frage bejahen können, wenn man davon ausgeht, daß es sich insoweit um eine Änderung handelt, bei der im Einverständnis der Religionsgemeinschaften die dem Unterricht zugrundeliegenden „Grundsätze" berührt werden. Die Religionsgemeinschaften sind in der Lage, eine Fortentwicklung dieser Grundsätze vorzunehmen. Das ist heute bereits in der Richtung geschehen, daß der Unterricht aus der früheren strenger dogmatischen Haltung herausgetreten ist und im Sinne einer neueren pädagogischen Bestimmung mehr als Gespräch, als Einführung in das religiöse Denken und in das Bekenntnis, bereichert durch Erörterung fundamentaler Fragen der Lebensführung, gehalten wird. Es wäre auch immer möglich, daß eine Annäherung verschiedener Bekenntnisse zu einer Veränderung führen kann. Wenn heute die Kirchen der Reformation sich in der Leuenberger Konkordie vom 11. 3. 1973 verständigt haben, alte früher scharf betonte Lehrunterschiede im Sinne ihrer heutigen Lehre nicht mehr als trennend anzusehen, so vollzieht sich darin eine Änderung. In diesem Sinne würde auch die Einführung eines Religionsunterrichts in der Form, daß dem Schüler für gewisse Zeiträume freigestellt wird, den Religionsunterricht einer anderen Konfession zu besuchen, eine Fortbildung dieser Grundsätze darstellen. Sind die Religionsgemeinschaften damit einverstanden, so liegt eine solche Änderung und Fortbildung im Rahmen des Art. 7 GG, weil hier ein in Art. 7 Abs. 3 GG vorgesehenes, in gewissem Sinne bewegliches Element gestaltet wird.

Daraus ergibt sich aber jedenfalls, daß der Staat zu einer solchen Gestaltung des Religionsunterrichts nur schreiten kann, wenn er sich des Einverständnisses der Religionsgemeinschaften versichert hat, daß dies ihren „Grundsätzen" entspricht. Einseitige Gestaltungen in dieser Richtung sind dem Staat verwehrt.

---

[11] So auch BayVerfGH, ebd.

Denn es mag ausdrücklich festgestellt sein, daß ein interkonfessioneller Unterricht, eine Umformung des Religionsunterrichts in einen Religionskundeunterricht den Rahmen des Art. 7 GG überschreiten und daher verfassungsrechtlich nicht zulässig erscheinen würde[12].

Der vorgesehene Religionsunterricht mit Öffnung für Schüler des anderen Bekenntnisses bleibt, das ist ebenfalls festzustellen, ein konfessionell gebundener. In ihm bedarf es auch, über den allgemeinen Grundsatz der Duldsamkeit hinaus (Art. 17 der Landesverfassung von Baden-Württemberg), keiner Eingrenzung des konfessionellen Charakters, weil die daran teilnehmenden Schüler anderen Bekenntnisses an ihm gerade in seiner konfessionellen Ausprägung teilzunehmen bereit sind.

Die Landesverfassung von Baden-Württemberg dürfte den gleichen Raum eröffnen wie Art. 7 GG. Art. 18 enthält keine weitergehenden Aussagen hinsichtlich der Beteiligung der Schüler. Auch das Schulordnungsgesetz vom 5. 5. 1964 (§ 64) fordert für den Religionsunterricht zwar, daß er nach Bekenntnissen getrennt erfolgt, schließt also jede Art interkonfessioneller Unterrichtung aus, spricht sich aber über die Grundsätze der Religionsgemeinschaften und die Zulassung von Schülern nicht aus. Immerhin wäre eine Anpassung an die jetzt beabsichtigten Formen des Religionsunterrichts für das Gesetz zu empfehlen.

Im Ergebnis wird man also feststellen können, daß ein solcher beabsichtigter Religionsunterricht mit Zulassung der Schüler anderen Bekenntnisses den Normen des Grundgesetzes nicht widerstreitet, sofern die Religionsgemeinschaften ihn als mit ihren „Grundsätzen" vereinbar erklären.

III.

7. Wenn die staatliche Verwaltung zur Einführung der beabsichtigten Form des Religionsunterrichts des Einverständnisses der Religionsgemeinschaften bedarf, so genügt es, daß die im Lande tätigen kirchlichen Gemeinschaften (Landeskirchen, Diözesen) ihr Einverständnis erklären. Dies kann in jeder ausreichenden Form geschehen und bedarf keines Vertrages. Auch die gewiß notwendige Verständigung der Kirchen untereinander bedarf keiner besonderen Form.

Innerkirchlich ist indes die Frage aufzuwerfen, ob es für die einzelnen Diözesen nicht der Fühlungnahme mit der Deutschen Bischofs-

---

[12] So auch schon *Landé*, Die Schule (Anm. 2), S. 201; *von Mangoldt / Klein*, Bonner Grundgesetz (Anm. 6), Anm. IV, 3 zu Art. 7; *Friesenhahn*, Religionsunterricht und Verfassung (Anm. 6), S. 76/77; *Reinhard Schmoeckel*, Der Religionsunterricht, Berlin-Spandau und Neuwied 1964, S. 134.

konferenz bedarf. Diese hat einer von einem Ausschuß erarbeiteten Stellungnahme am 17. 12. 1970 zugestimmt, die Fragen der Ausgestaltung des Religionsunterrichts betraf[13] und hat im Jahre 1972 nochmals zu diesen Fragen eine Erklärung abgegeben. Darin darf man einen Hinweis auf die Zuständigkeitsabgrenzung sehen und es würde demnach geraten sein, auch im Interesse der Einheitlichkeit, für diese Fragen eine erneute Stellungnahme der Bischofskonferenz bzw. eine Interpretation der früheren Erklärungen herbeizuführen.

8. Ein letztes Problem bilden die kirchenvertraglichen Bindungen. Für Württemberg gilt allein das Reichskonkordat, das in Art. 21 vorschreibt, daß der Religionsunterricht „in Übereinstimmung mit den Grundsätzen der katholischen Kirche erteilt" wird. Nach der dargelegten früheren Auffassung geht diese Vorschrift davon aus, daß an diesem Unterricht nur katholische Schüler teilnehmen bzw. katholische Schüler nur den katholischen Unterricht besuchen. Auch hier wird es also einer fortbildenden Auslegung bedürfen, wenn von dieser Linie abgewichen wird. Die gleiche Vorschrift findet sich in Art. XI Abs. 2 des badischen Konkordates vom 12. 10. 1932, wobei das Schlußprotokoll noch besonders bekräftigt, daß der Staat die hinsichtlich des Religionsunterrichts an den Schulen geltenden Rechte der katholischen Kirche aufrechterhalten werde. Diese Vorschrift verstärkt die rechtliche Forderung, daß der Staat keine Änderung ohne Einverständnis der zuständigen kirchlichen Instanzen vornimmt, sie macht aber auch den Umfang deutlich, in dem hier eine vertragliche Bindung angesprochen werden kann. Diese Vorschrift unterstreicht jedenfalls die Einflußnahme und Überwachung des Religionsunterrichts durch die zuständigen kirchlichen Organe. Diese können sich dieses Einflusses begeben, wenn sie die Teilnahme katholischer Schüler am evangelischen Religionsunterricht zulassen, aber es bedarf dann einer entsprechenden Gestaltung ihrer Rechte.

Hingewiesen sei schließlich darauf, daß im badischen Kirchenvertrag vom 14. 11. 1932 auch den evangelischen Kirchen eine entsprechende Gestaltung des Religionsunterrichts in Art. VIII zugesagt ist.

Insgesamt wird hieraus der Schluß zu ziehen sein, daß die Fortbildung des Religionsunterrichts auch im Blick auf die Erhaltung der vertraglichen Grundlage der katholischen Kirche zu prüfen ist.

---

[13] ArchkathKR 140 (1971), S. 544 f.

IV.

9. Zum Abschluß seien die Ergebnisse kurz zusammengefaßt:

a) Die Gestaltung des Religionsunterrichts in den Ländern der Bundesrepublik Deutschland ist an die Richtnorm des Art. 7 GG gebunden. Diese zieht für Neugestaltungen einen festen Rahmen. Sie schließt die Umgestaltung des Religionsunterrichts in einen bikonfessionellen Unterricht oder in eine Religionskunde aus.

b) In der Vorschrift des Art. 7 GG ist normativ festgelegt, daß der Religionsunterricht gemäß den „Grundsätzen der Religionsgesellschaften" zu erteilen ist und daß die Lehrer der betreffenden Konfession angehören. Eine ausdrückliche Bestimmung, wonach auch die Schüler der betreffenden Konfession angehören, findet sich nicht, weil diese Folge vom Gesetzgeber als selbstverständlich vorausgesetzt wurde und auch der Übung entspricht.

c) Im Zuge von Veränderungen in der allgemeinen Entwicklung des Schulwesens kann es sich als notwendig herausstellen, die Vorschriften des Art. 7 GG unter Erhaltung ihres normativen Gehaltes in Anpassung an die erfolgten Neugestaltungen zu interpretieren (z. B. „ordentliches Lehrfach" usw.). Ein Element der beweglichen Auslegung und Fortbildung stellen auch die „Grundsätze der Religionsgesellschaften" dar. Sie vermögen sich zeitlichen und geistigen Wandlungen anzupassen und unterliegen in einem bestimmten Umfang der Gestaltung durch die Religionsgesellschaften.

d) Die Zulassung von Schülern anderen Bekenntnisses zum Religionsunterricht in der Sekundarstufe verändert nicht den konfessionellen Charakter des Religionsunterrichts. Sie berührt aber im Blick auf die vorausgesetzte Einheit der Zusammensetzung der Schüler die „Grundsätze der Religionsgesellschaften". Daher kann eine solche Gestaltung des Religionsunterrichts nicht einseitig vom Staate angeordnet werden, sondern bedarf des Einverständnisses der Religionsgemeinschaften. Dieses ist von den für das betreffende Bundesland zuständigen kirchlichen Instanzen zu erteilen. Es ist zu beachten, daß durch ihre Erklärungen die Bischofskonferenz eine Zuständigkeit für die Regelung dieser Frage bekundet hat.

e) Bei der Gestaltung des Religionsunterrichts im Sinne einer Öffnung des Unterrichts auf der Sekundarstufe für die Schüler anderen Bekenntnisses ist ferner zu beachten, daß Festlegungen des konfessionellen Charakters des Religionsunterrichtes in kirchenvertraglichen Normen enthalten sind, deren Auslegung im Sinne der zur Zeit ihres Abschlusses bestehenden Voraussetzungen erfolgen könnte.

Zur Frage, ob einer Öffnung des bisher nach Konfessionen getrennt erteilten Religionsunterrichts für Schüler eines anderen Bekenntnisses in der Sekundarstufe II des Landes Baden-Württemberg rechtliche Bedenken entgegenstehen*

Von Joseph Listl

I. Der bekenntnisgebundene Charakter des Religionsunterrichts

1. Der Lösungsvorschlag I für die Regelung der Erteilung des Religionsunterrichts in der reformierten Sekundarstufe II im Lande Baden-Württemberg sieht vor, daß den Schülern im 2. Halbjahr des elften und im 1. Halbjahr des zwölften Schuljahres im Rahmen des pflichtmäßigen Religionsunterrichts eine Wahlmöglichkeit zum Besuch des Religionsunterrichts der anderen Konfession geboten werden soll. Weitergehend in dieser Hinsicht ist der Lösungsversuch II, der diese Wahlmöglichkeit auf die letzten 5 Schulhalbjahre der Sekundarstufe II (Kollegstufe) ausdehnt. Auch die Prüfungen für die Religionsnote des Reifezeugnisses können nach dem Lösungsversuch II beim Religionslehrer des anderen Bekenntnisses abgelegt werden. Dabei ist von Bedeutung, daß in sämtlichen Fällen die Wahl der Teilnahme am Religionsunterricht der anderen Konfession eine Abmeldung vom Religionsunterricht der eigenen Konfession nicht voraussetzt.

2. Die vorliegende Untersuchung hat sich auf die Würdigung der *rechtlichen* Aspekte der vorgegebenen Problematik zu beschränken. Sie geht davon aus, daß Art. 7 GG den Religionsunterricht nur im Sinne einer Homogenität von Lehre, Lehrern und Schülern, also in streng bekenntnisgebundenem Sinne, kennt. Art. 7 GG verpflichtet den Schüler zur Teilnahme am Religionsunterricht seiner Konfession und gewährt keinen wie immer gearteten und begründbaren Rechtsanspruch auf Teilnahme am Religionsunterricht einer anderen Konfession. Wie *Ulrich Scheuner* überzeugend nachweist, kann ein Rechtsanspruch auf Teilnahme am Religionsunterricht der anderen Konfession — von den besonderen Fällen der Änderung der religiösen Erziehung abgesehen — aus Art. 7 Abs. 2 GG nicht hergeleitet werden[1].

---

* Gutachtliche Äußerung vom 17. Januar 1974, dem Bischöflichen Ordinariat Rottenburg erstattet.

Dieser Rechtsauffassung entspricht seit dem Inkrafttreten der Weimarer Reichsverfassung die einheitliche Schulpraxis aller Schulverwaltungen[2].

3. Zu prüfen ist im Zusammenhang der vorliegenden Untersuchung vor allem die Frage, ob der Religionsunterricht eines fremden Bekenntnisses für einen Schüler, der diesen besucht, rechtlich ein anderes „Lehrfach" darstellt als der Religionsunterricht des eigenen Bekenntnisses.

a) Über den Inhalt des Religionsunterrichts trifft Art. 7 Abs. 3 GG keine Bestimmung. Das Grundgesetz überläßt es vielmehr den Religionsgemeinschaften, diejenigen Grundsätze aufzustellen, nach denen sich die Gestaltung des Religionsunterrichts hinsichtlich des Inhalts und der Didaktik richten muß. Dadurch ist der Schule die Bestimmung des Lehrinhalts weitgehend entzogen[3].

Gegenüber extremen Ansichten in der neueren religionspädagogischen Literatur[4] ist mit dem Bundesverwaltungsgericht daran festzuhalten, daß die „Vermittlung der Glaubenssätze der jeweiligen Religionsgemeinschaft" zulässiger Inhalt des Religionsunterrichts ist. Daraus folgt jedoch nicht, wie das Bundesverwaltungsgericht mit Recht erklärt, daß der Religionsunterricht einer echten Leistungsbewertung unzugänglich wäre. Der zulässige bekenntnisgebundene Inhalt des Religionsunterrichts schließt vielmehr nicht aus, daß der Religionsunterricht ein auf Wissensvermittlung gerichtetes Lehrfach ist und an den Gymnasien den Charakter eines wissenschaftlichen Faches hat und daß Mitarbeit und Leistungen der Schüler in diesem Unterrichtsfach bewertet und bei der Versetzungsentscheidung berücksichtigt werden können[5].

---

[1] Vgl. *Ulrich Scheuner*, Öffnung des Religionsunterrichts auf der Sekundarstufe für Schüler der anderen Konfession, gutachtliche Äußerung vom 16. Januar 1974, in *diesem* Band, S. 63 ff., mit weiteren Nachweisen. Ebenso *Theodor Maunz*, in: Schlüter / Scheele / Maunz, Die Konfessionalität des Religionsunterrichts aus juristischer Sicht, Salzkotten 1972, S. 50.

[2] Die entgegenstehende Praxis der hessischen Schulen, an denen sich erst in den letzten Jahren der Brauch ergeben hat, auch die Teilnahme von Schülern anderen Bekenntnisses am Religionsunterricht zuzulassen, hat *Ulrich Scheuner* in seiner gutachtlichen Äußerung „Die Teilnahme von Schülern anderer Konfession am Religionsunterricht" vom 24. Oktober 1973 mit eingehender Begründung als mit dem Grundgesetz nicht in Einklang stehend bezeichnet (vgl. in *diesem* Band, S. 57 ff.).

[3] BVerwG, Urt. vom 6. 7. 1973 (Az.: VII C 36.71), in: NJW 1973, S. 1815.

[4] Vgl. dazu die Hinweise bei *Theodor Maunz*, Der Religionsunterricht in verfassungsrechtlicher und vertragskirchenrechtlicher Sicht (zit.: Rechtsgutachten), hrsg. vom Bay. Staatsministerium für Unterricht und Kultus, München 1974, S. 11 ff.

[5] BVerwG, in: NJW 1973, S. 1816; mit abl. Anm. von *Klaus Obermayer*, ebd., S. 1817; mit zust. Anm. von *Ulrich Scheuner*, ebd., S. 2315.

Auch aus der Tatsache, daß *Landé* für die Weimarer Zeit die Auffassung vertritt, der Religionsunterricht müsse ein „dogmatischer" sein[6], ergibt sich in dieser Hinsicht nichts anderes, als daß Religionsunterricht im Sinne der Reichsverfassung nicht bloße „Religionskunde" oder eine rein informative religionswissenschaftliche Darbietung sein dürfe, sondern in bekenntnismäßiger Gebundenheit an die Lehre der betreffenden Religionsgemeinschaft, d. h. in Übereinstimmung mit ihren Grundsätzen, erteilt werden muß. Aus den Darlegungen von *Landé* ergeben sich keine Anhaltspunkte dafür, daß sich der Religionsunterricht inhaltlich auf den engen Bereich des Lehrfachs zu beschränken habe, das in der theologischen Wissenschaft als „Dogmatik" umschrieben wird[7].

Auch während der Weimarer Zeit und während der vergangenen fünfundzwanzig Jahre umfaßte der Religionsunterricht inhaltlich das alle Kulturbereiche erfassende, glaubensmäßig begründete Weltverständnis der betreffenden Religionsgemeinschaft[8].

b) Nicht jede Art von Unterweisung über Religion und Religionen erfüllt, wie *Peters* zu Recht ausführt, das Erfordernis des Religionsunterrichts im Sinne des Grundgesetzes. Ein Unterricht in Gestalt einer vergleichenden Religionswissenschaft oder Religionskunde oder eines Sittlichkeitsunterrichts ist kein Religionsunterricht gemäß Art. 7 des Grundgesetzes[9]. Entscheidend dafür, daß von *Religionsunterricht* gesprochen werden kann, ist vielmehr, daß den Schülern das *Glaubensgut* des betreffenden Bekenntnisses und dessen *Religionsausübung* vermittelt wird. Die Glaubenssätze dürfen nicht als Gegenstand des Berichts, der Betrachtung oder der Kritik nur referierend vorgetragen werden. Sie müssen vielmehr als geltender, verbindlicher Normenbestand dargestellt werden[10].

---

[6] *Walter Landé*, Die Schule in der Reichsverfassung, Berlin 1929, S. 200.

[7] In diesem Sinne ist der Religionsunterricht niemals verstanden worden. Mit Recht betont *Hans Peters*, Elternrecht, Erziehung, Bildung und Schule, in: Bettermann / Nipperdey / Scheuner, Die Grundrechte, Bd. IV/1, Berlin 1960, S. 417 mit Anm. 159, daß ein „Religionsunterricht" bereits begrifflich nicht vorliege, wenn er sich auf „Untergebiete" beschränke, in denen das Wort „Religion" nicht vorkomme, z. B. katholische Dogmatik, katholische Morallehre, evangelische Kirchengeschichte.

[8] Vgl. in dieser Hinsicht den Bericht „Schulischer Religionsunterricht" in der Sonderberichterstattung Synode, in: Herder-Korrespondenz 28 (1974), S. 34. Namhafte Theologen äußerten bei der vierten Vollversammlung der Synode Zweifel, ob die Sinnfrage in der Synodenvorlage über den schulischen Religionsunterricht richtig gesehen werde. Sie wiesen darauf hin, daß der Religionsunterricht seine Aufgabe verfehle, wenn er „letzten Endes doch in der Weltimmanenz verbleibe".

[9] *Peters*, Elternrecht (Anm. 7), S. 417.

[10] Ebd.; *von Mangoldt / Klein*, Das Bonner Grundgesetz, 2. Aufl., Bd. 1, Berlin-Frankfurt, unveränd. Nachdr. 1966, Art. 7, Anm. IV 3 (S. 283 f.); *Rein-*

Der Religionsunterricht als verfassungsrechtliche institutionelle Garantie ist somit *objektiv* bekenntnisgebunden und darauf angelegt, den Schüler in einer seiner jeweiligen Entwicklungsstufe angemessenen Weise, die in der Sekundarstufe der Gymnasien wissenschaftlichen Charakter zu tragen hat, auch *subjektiv* zu einer bekenntnismäßigen und bekenntnisbewußten Erarbeitung und Aneignung der intendierten Lernziele zu bewegen. Nur *diesen* Religionsunterricht garantiert die Verfassung.

c) Wird dem Schüler ein Rechtsanspruch eingeräumt, während bestimmter Schulabschnitte oder sogar während der gesamten Kollegstufe den Religionsunterricht einer anderen Konfession zu besuchen und macht ein Schüler von diesem Recht Gebrauch, so ändert sich der Religionsunterricht des anderen Bekenntnisses in seiner Bedeutung für diesen Schüler wesentlich. Der Religionsunterricht des anderen Bekenntnisses wird für diesen Schüler zu einer konfessionskundlichen Darbietung oder, nach *Maunz*, zu einem „Informationsunterricht"[11]. Das ist nach *Maunz* jedenfalls dann der Fall, *wenn gleichzeitig ein Unterricht im eigenen Bekenntnis angeboten wird*. Wird gleichzeitig ein Religionsunterricht im eigenen Bekenntnis angeboten, ist nur *dieser* der Religionsunterricht im Sinne der Verfassung. Es könne nämlich nicht zwei verschiedene Unterrichte geben, die beide „der Religionsunterricht" einer Religionsgemeinschaft wären. Der andere Religionsunterricht steht als Religionsunterricht dieses Schülers nicht unter dem Schutze der Verfassung. Dieser Religionsunterricht ist für den Schüler ein „sonstiges Schulfach", für dessen Teilnahme er keine Note in „Religion" erhalten kann[12].

Anders ist dagegen die Rechtslage, wenn zwei Religionsgemeinschaften übereinkommen und diese Übereinkunft dem Staate kundgeben, daß der jeweilige Religionsunterricht auch der anderen Konfession mit ihren eigenen Grundsätzen übereinstimmt. In diesem Falle kann der Staat im Rahmen seines Ermessens und der bestehenden schulorganisatorischen Möglichkeiten den gegenseitigen Besuch des Religionsunterrichts mit leistungsbewertender Notengebung zulassen. Notifizieren die beteiligten Religionsgemeinschaften dem Staat ihr gegenseitiges Einvernehmen, daß für ihre Schüler auch der Religionsunterricht der je-

---

hart von Drygalski, Die Einwirkungen der Kirchen auf den Religionsunterricht an öffentlichen Schulen, Göttingen 1967, S. 62.

[11] Vgl. *Maunz,* Rechtsgutachten (Anm. 4), S. 38: „Für Angehörige einer anderen Religionsgemeinschaft mit anderen Glaubenssätzen kann es sich nicht um Religionsunterricht in diesem verfassungsrechtlichen Sinn handeln, sondern um einen nicht in Art. 7 GG geregelten Informationsunterricht über eine andere oder mehrere Religionsgemeinschaften".

[12] Vgl. *Maunz,* Rechtsgutachten (Anm. 4), S. 32, 40, 47.

weils anderen Konfession ein Religionsunterricht nach ihren eigenen Grundsätzen ist, wird man den Staat für legitimiert betrachten können, darauf hinzuwirken, daß der bisher getrennt nach Konfessionen erteilte Religionsunterricht künftig — jedenfalls auf die Dauer — gemeinsam für die Schüler beider Konfessionen erteilt wird. Eine Rückkehr zur Ausgangsbasis dürfte jedenfalls in Anbetracht der Schwerkraft der durch einen solchen Schritt eingeleiteten Entwicklung nicht mehr möglich sein[13].

4. Das Verfassungsrecht des von sich aus über keine religiöse oder weltanschauliche Grundlage verfügenden Staates steht einer Änderung der Sinngebung und Aufgabenstellung des Religionsunterrichts im dargelegten Sinne nicht entgegen. Ebensowenig wie es dem zu religiöser und weltanschaulicher Neutralität verpflichteten Staat gestattet ist, von sich aus einen wie immer gearteten „interkonfessionellen" oder „kooperativ-konfessionellen" Religionsunterricht einzuführen, kann er die Religionsgemeinschaften daran hindern, den bisher getrennt nach Konfessionen erteilten Religionsunterricht in bestimmten Fällen, Klassen und Schulstufen ganz oder teilweise auf interkonfessioneller oder ökumenischer Basis zu erteilen, sofern dies schulorganisatorisch möglich ist[14].

5. Hinsichtlich der Notwendigkeit der Herstellung des gegenseitigen Einvernehmens zwischen den beteiligten Kirchen, der formellen Notifizierung ihrer Übereinkunft gegenüber der zuständigen Landesregierung oder Kultusverwaltung sowie der infolge der Notwendigkeit einheitlicher Klärung von Grundsatzfragen über den Religionsunterricht gegebenen Zuständigkeit der Deutschen Bischofskonferenz und der erforderlichen Zustimmung des Heiligen Stuhles als des kirchlichen Partners der Konkordate wird auf das bereits zitierte Gutachten „Öffnung des Religionsunterrichts auf der Sekundarstufe für Schüler der anderen Konfession" von Ulrich Scheuner vom 16. Januar 1974[15] verwiesen, dem sich der Unterzeichnete insoweit in vollem Umfange anschließt.

II. Zusammenfassung

1. Art. 7 Abs. 3 GG gewährt keinen Rechtsanspruch auf Teilnahme an einem bekenntnisfremden Religionsunterricht, sondern verpflichtet zur Teilnahme am Religionsunterricht des eigenen Bekenntnisses.

---

[13] Dieser Auffassung auch *Maunz*, Rechtsgutachten (Anm. 4), S. 40 f.
[14] Vgl. dazu *Joseph Listl*, Staat und Kirche in der Bundesrepublik Deutschland. Wandlungen und neuere Entwicklungstendenzen im Staatskirchenrecht, in: Stimmen der Zeit, Bd. 191 (1973), S. 302.
[15] Siehe in diesem Band, S. 63 ff.

2. Unbeschadet seines wissenschaftlichen oder wissenschaftsbezogenen Charakters ist der objektiv bekenntnisgebundene Religionsunterricht auch in der Kollegstufe darauf angelegt, den Schülern eine vertiefte glaubens- und bekenntnismäßige Bindung zu vermitteln.

3. Diesen Charakter verliert der Religionsunterricht für jene Schüler, die den Religionsunterricht eines anderen Bekenntnisses besuchen. Der Religionsunterricht wird in diesem Falle zu einem vom Religionsunterricht im Sinne des Art. 7 Abs. 3 wesensverschiedenen konfessionskundlichen Informationsunterricht.

4. Das Verfassungsrecht steht einer Einigung von Religionsgemeinschaften, für Schüler ihres Bekenntnisses auch den Religionsunterricht der anderen Konfession als Religionsunterricht nach den Grundsätzen des eigenen Bekenntnisses anzuerkennen, nicht im Wege. Es bedarf in diesem Falle einer Notifizierung dieses Einvernehmens gegenüber dem Staat. Unter dieser Voraussetzung kann die staatliche Kultusverwaltung den wahlweisen Besuch des Religionsunterrichts auch des anderen Bekenntnisses zulassen.

5. Im Interesse der Sicherung einer einheitlichen Praxis innerhalb der katholischen Kirche in der Bundesrepublik Deutschland ist für die Klärung von Grundsatzfragen auf dem Gebiete des Religionsunterrichts „aus der Natur der Sache" die Zuständigkeit der Deutschen Bischofskonferenz gegeben.

6. Der Religionsunterricht ist im Reichskonkordat vom Jahre 1933 und in sämtlichen Länderkonkordaten Gegenstand konkordatärer Regelungen. Ein Abgehen vom strengen Bekenntnisprinzip bedarf daher auch der Zustimmung des Heiligen Stuhles als des kirchlichen Partners der Konkordate.

Religionsunterricht in der reformierten gymnasialen Oberstufe*

Dokumentation und gutachtliche Stellungnahme zur Rechtslage in Baden-Württemberg

Von Alexander Hollerbach

1. Teil: Dokumentation[1]

A.

Auf Vorschlag der Evangelischen und Katholischen Kirchen in Baden-Württemberg hat das Kultusministerium (7. Juli 1976 UA I 3103/146 und UB 3010/51, K. u. U. 15/1976) folgende Regelung getroffen, die ab dem Schuljahr 1976/77 für den Religionsunterricht der gymnasialen Oberstufe in Geltung ist:

I. Allgemeines

1. Die Schüler haben auch in der gymnasialen Oberstufe den Religionsunterricht ihrer Religionsgemeinschaft zu besuchen (Art. 7 Abs. 3 GG, Art. 18 Landesverfassung, § 96 Abs. 2 SchG[2]), soweit nicht nach Maßgabe von II Ausnahmen zulässig sind.

II. Ausnahmen

2. Ein Schüler kann in folgenden Fällen anstelle des Religionsunterrichtes der eigenen Religionsgemeinschaft den einer anderen besuchen:

2.1 In den Jahrgangsstufen 11 bis 13 der Gymnasien weniger als die Hälfte des Religionsunterrichts insgesamt, d. h. höchstens zwei Schulhalbjahre bzw. zwei Kurse, mit Zustimmung der eigenen

---

* Überarbeitete Fassung eines mit Datum vom 15. September 1975 im Auftrag des Kultusministeriums Baden-Württemberg erstatteten Rechtsgutachtens. — Erstveröffentlichung in: Archiv für katholisches Kirchenrecht 145 (1976), S. 459—490.

[1] Das folgende nach dem Abdruck in: Amtsblatt der Erzdiözese Freiburg 1976, 325—327. Vgl. auch Kultus und Unterricht 1976, 1430.

[2] = Schulgesetz für Baden-Württemberg i. d. F. v. 23. März 1976 (GBl. S. 410).

sowie der Religionsgemeinschaft, deren Religionsunterricht besucht werden soll;

2.2 wenn an der besuchten Schule überhaupt kein Religionsunterricht der eigenen Religionsgemeinschaft erteilt wird, mit Zustimmung der Religionsgemeinschaft, deren Religionsunterricht besucht werden soll;

2.3 wenn an der besuchten Schule in dem betreffenden Schulhalbjahr kein Religionsunterricht der eigenen Religionsgemeinschaft stattfindet, mit Zustimmung der eigenen sowie der Religionsgemeinschaft, deren Religionsunterricht besucht werden soll;

2.4 in einzelnen Härtefällen mit Zustimmung der eigenen sowie der Religionsgemeinschaft, deren Religionsunterricht besucht werden soll.

3. Die Zustimmung nach Nr. 2.1 bis 2.4 erteilt die jeweils von der Religionsgemeinschaft dafür bestimmte Stelle.

III. Abiturprüfung (reformierte Oberstufe)

4. Ein Schüler, der sich nicht nach § 100 SchG vom Religionsunterricht abgemeldet hat, kann nur zur Abiturprüfung zugelassen werden, wenn er den Religionsunterricht nach Maßgabe der Ziff. I und II besucht hat.

5. Ein Schüler kann die Abiturprüfung im Fach Religionslehre ablegen:

5.1 Wenn er in den Jahrgangsstufen 12 und 13 vier Kurse Religionslehre der eigenen Religionsgemeinschaft besucht hat, im Fach Religionslehre dieser Religionsgemeinschaft. Dies gilt auch in den Fällen der Nr. 2.1.

5.2 In den Fällen der Nr. 2.2 bis 2.4, wenn er in den Jahrgangsstufen 12 und 13 insgesamt vier Kurse Religionslehre besucht hat:

5.2.1 Wenn er in der Jahrgangsstufe 13 den Religionsunterricht der eigenen Religionsgemeinschaft besucht hat, im Fach Religionslehre der eigenen Religionsgemeinschaft;

5.2.2 wenn er in der Jahrgangsstufe 13 nicht die Religionslehre der eigenen Religionsgemeinschaft besucht hat, kann er die Prüfung im Fach Religionslehre der eigenen oder der Religionsgemeinschaft ablegen, deren Unterricht er besucht hat.

IV. Schlußbestimmungen

6. Die Regelung tritt ab Klasse 11 mit dem Schuljahr 1976/77 in Kraft.

7. Die Schulversuche im Fach Katholische und Evangelische Religionslehre mit dem sog. konfessionell-kooperativen Religionsunterricht (vgl. Erlaß des Kultusministeriums vom 9. März 1971 — UA I 3003/15) werden zu diesem Zeitpunkt eingestellt.

B.

Die vier Bischöfe des Landes Baden-Württemberg haben zur Regelung des Kultusministeriums über den Besuch des Religionsunterrichts in den Jahrgangsstufen 11 bis 13 der Gymnasien folgende Vereinbarung getroffen:

**Vereinbarung zwischen den evangelischen
und katholischen Kirchen in Baden-Württemberg**

Zur Regelung des Kultusministeriums über den Besuch des Religionsunterrichts in den Jahrgangsstufen 11 bis 13 der Gymnasien vom 7. Juli 1976 (K. u. U. 15/1976) wird folgendes vereinbart:

1. Zu Ziff. 2.1 der o. g. Regelung

In diesen Fällen wird allgemein zugestimmt, daß evangelische bzw. katholische Schüler zwei Kurse bzw. zwei Schulhalbjahre den Religionsunterricht der anderen Kirche besuchen können, sofern nicht in besonderen Fällen von den kirchlichen Oberbehörden Einwendungen bestehen.

2. Zu Ziff. 2.2 der o. g. Regelung

Der Fall, daß an der Schule kein evangelischer bzw. katholischer Religionsunterricht erteilt wird, tritt nicht auf. Für die Erteilung der Zustimmung zur Aufnahme von Schülern anderer Religionsgemeinschaften ist der Religionslehrer im Rahmen der jeweiligen kirchlichen Bestimmungen zuständig.

3. Zu Ziff. 2.3 der o. g. Regelung

Es besteht Übereinstimmung, daß dieser Fall für den evangelischen und katholischen Religionsunterricht möglichst nicht eintreten sollte. In erster Linie muß versucht werden, den Religionsunterricht jahrgangsübergreifend anzubieten. Wenn die Fortführung des Religionsunterrichts aus organisatorischen oder personellen Gründen nicht möglich erscheint, benachrichtigen die Schulen unmittelbar die zuständigen kirchlichen Oberbehörden. Wenn die Voraussetzungen von Ziff. 2.3 der o. g. Vereinbarung (sic) eintreten, wird allgemein die Zustimmung erteilt, daß evangelische bzw. katholische Schüler den Religionsunterricht der anderen Kirche besuchen können.

4. Zu Ziff. 2.4 der o. g. Regelung

Die Zustimmung ist von den zuständigen kirchlichen Oberbehörden zu erteilen.

Herrenalb, den 22. April 1976

gez. Hermann Schäufele
Erzbischof
von Freiburg

gez. Helmut Class
Landesbischof
der Evangelischen Landeskirche
in Württemberg

gez. Georg Moser
Bischof
von Rottenburg

gez. Heidland
Landesbischof
der Evangelischen Landeskirche
in Baden

Das Erzbischöfliche Ordinariat Freiburg hat ergänzend „Anmerkungen und Hilfen" erarbeitet, die an der in Anm. 1 angegebenen Fundstelle S. 327—329 veröffentlicht wurden.

2. Teil: Gutachten

Die mit den vorstehend wiedergegebenen Regelungen gefundene Lösung stand am Ende einer Phase intensiver Diskussionen und zäher Verhandlungen. In diesem Zusammenhang wurde vom Verfasser am 15. September 1975 im Auftrag des Kultusministeriums Baden-Württemberg ein Rechtsgutachten erstattet, das — nach redaktioneller Überarbeitung und unter Kürzung der einleitenden Partie — im folgenden veröffentlicht werden soll. Die hier behandelten Fragen sind nach wie vor von großem grundsätzlichen und praktischen Interesse. Zugleich wird damit ein Stück Vorgeschichte des nunmehr in Geltung befindlichen Rechts dokumentiert. Zur Publikation des Gutachtens besteht überdies Anlaß, nachdem *Axel Frhr. von Campenhausen* kritisch darauf Bezug genommen hat[3].

A.

In Gesprächen zwischen dem Kultusministerium und den Kirchenbehörden über die bezüglich des Religionsunterrichts zu treffenden Regelungen hat sich ergeben, daß zwischen den beiden Kirchen unter-

---

[3] Staatskirchenrechtliche Rückwirkungen der Reform der gymnasialen Oberstufe: DVBl. 1976, 609—615.

schiedliche Auffassungen in der Frage bestehen, in welchem Umfang Schüler Kurse in Religionslehre der anderen Konfession besuchen können und inwieweit ihnen dies angerechnet und benotet werden kann. Übereinstimmung besteht allerdings darin, daß ein Schüler, der evangelische oder katholische Religionslehre als *Prüfungsfach* wählt, in den Klassen 12 und 13 vier Kurse Religionsunterricht seiner eigenen Konfession besuchen muß, damit er das Abitur in diesem Fach ablegen kann.

Die Landesbischöfe der Evangelischen Landeskirchen in Baden und in Württemberg haben in einem Schreiben vom 11. 3. 1975 dem Kultusministerium Baden-Württemberg vorgeschlagen, für den Religionsunterricht in evangelischer und katholischer Religionslehre in der Sekundarstufe II *unterschiedliche* Regelungen zu treffen. Die vom Kultusministerium erbetene Regelung wurde folgendermaßen formuliert:

„1. In den Jahrgangsstufen 11, 12 und 13 der reformierten und nichtreformierten Oberstufe der Gymnasien können evangelische Schüler — in der Regel bis zu zwei Kurse bzw. Schulhalbjahre — am Unterricht in katholischer Religionslehre teilnehmen und für den evangelischen Religionsunterricht anrechenbare Leistungen erbringen, sofern keine Bestimmungen für den katholischen Religionsunterricht dem entgegenstehen.

2. Schüler, die sich im Fach evangelische Religionslehre im Abitur prüfen lassen wollen, müssen in evangelischer Religionslehre die gleiche Zahl von Kursen belegen, die auch für andere Prüfungsfächer vorgeschrieben ist.

3. Schüler, die nicht einer evangelischen Religionsgemeinschaft angehören, können in begrenztem Umfang am evangelischen Religionsunterricht teilnehmen; Voraussetzung ist die Bereitschaft der betreffenden Schüler zur Mitarbeit in dem nach den Grundsätzen der Evangelischen Kirche erteilten Fach Evangelische Religionslehre."

Unter dem 27. 3. 1975 haben der Erzbischof von Freiburg und der Bischof von Rottenburg dem Kultusministerium Durchschriften von Schreiben an die Evangelischen Landesbischöfe zugeleitet, in denen zum Ausdruck gebracht wurde, die vorgeschlagene Regelung begegne

„nach wie vor schwerwiegenden Bedenken grundsätzlicher und schulpraktischer Art besonders im Hinblick darauf, daß der evangelische Religionsunterricht — so wie wir Ziff. 3 verstehen — für Schüler geöffnet wäre, die verpflichtet sind, am katholischen Religionsunterricht teilzunehmen."

Weiter heißt es:

„Eine solche Regelung legt u. U. dem Schüler nahe, die gesetzliche Abmeldung aus Glaubens- und Gewissensgründen zum Mittel der Ummeldung vom Religionsunterricht einer Konfession zur anderen zu machen. Dadurch wird unseres Erachtens die rechtliche Gestalt des Religionsunterrichts in der Schule berührt."

Die katholischen Bischöfe haben ihrem Schreiben einen die Sache betreffenden Beschluß des Ständigen Rates der Deutschen Bischofskonferenz vom 16. 12. 1974 beigefügt[4]. Dieser Beschluß stellt einleitend fest:

> „Der katholische Religionsunterricht ist auch in der neugestalteten gymnasialen Oberstufe in konfessioneller Gebundenheit zu erteilen. Grundsätzlich gilt auch hier die Homogenität von Lehre, Lehrer und Schüler."

Unbeschadet dieser Grundsatzaussage wird aber von der Bischofskonferenz „in besonders gelagerten Fällen" eine mit dem Staat und den Evangelischen Landeskirchen einvernehmlich zu treffende Regelung für möglich gehalten, wonach

> „die katholischen Schüler in den Jahrgangsstufen 11, 12 und 13 mindestens die Mehrzahl der Kurse bzw. die Mehrzahl der Gesamtstundenzahl in katholischer Religionslehre belegen".

Darauf basiert ein von den Katholischen Kirchenverwaltungen in Baden-Württemberg erarbeiteter „Entwurf einer Durchführungsverordnung des Kultusministeriums" vom 3. 2. 1975, der ebenfalls vorgelegt wurde. Dieser Entwurf hat folgenden Wortlaut:

> *„I. Reformierte Oberstufe*
>
> 1. In den Jahrgangsstufen 11, 12 und 13 der reformierten Oberstufe besuchen die evangelischen und katholischen Schüler die Mehrzahl der Kurse (Grund- und Leistungskurse) im Unterricht der eigenen Konfession.
> 2. In diesen Jahrgangsstufen haben die Schüler aufgrund einer Absprache der Kirchenleitungen die Wahlmöglichkeit, während insgesamt zwei Kursen am Unterricht der anderen Konfession teilzunehmen.
> 3. Die Schüler können die Leistungen von insgesamt zwei Kursen im Unterricht der anderen Konfession in die Zeugnisbewertung (Jahrgangsstufe 11) bzw. die Abiturbewertung (Jahrgangsstufe 12 und 13) einbringen.
> 4. Keine zählenden Leistungsbewertungen können die Schüler erhalten, die im Pflichtbereich mehr als zwei Halbjahreskurse Religionsunterricht in einer anderen als der eigenen Konfession besuchen.
> 5. In den Zeugnissen wird kenntlich gemacht, ob die Leistungsbewertung in Kursen der evangelischen oder katholischen Religionslehre erbracht wurde.
> 6. Schüler, die sich im Fach Evangelische oder Katholische Religionslehre im Abitur prüfen lassen wollen, müssen in evangelischer bzw. katholischer Religionslehre die gleiche Zahl von Kursen belegen, die auch für andere Prüfungsfächer vorgeschrieben ist.
> 7. Im Hinblick auf die bekenntnismäßige Zielsetzung des Religionsunterrichts bedarf die Teilnahme von Schülern der anderen Konfession der Zustimmung des für den Kurs verantwortlichen Religionslehrers.

---

[4] Vgl. zu diesem Sachkomplex auch den Beschluß der Gemeinsamen Synode der Bistümer in der Bundesrepublik Deutschland zu dem Thema „Der Religionsunterricht in der Schule" (vor allem Abschnitte 2.7.5 und 3.4), gefaßt auf der 6. Vollversammlung der Synode (20.—24. 11. 1974), vom Erzbischof von Freiburg für seinen Jurisdiktionsbereich unter dem 21. 2. 1975 in Kraft gesetzt (ABl. Erzdiözese Freiburg 1975, 289). Texte jetzt in Bd. I der Offiziellen Gesamtausgabe der Synodenbeschlüsse, Freiburg 1976, 123 ff.

II. Nichtreformierte Oberstufe

1. Die obige Regelung (I) gilt entsprechend auch für die genehmigten Schulversuche im Fach Evangelische und Katholische Religionslehre (Kursunterricht).

2. An den übrigen Gymnasien (ohne reformierte Oberstufe und ohne genehmigte Schulversuche im Fach Evangelische und Katholische Religionslehre) ist bei der Einführung des Kursunterrichts weiterhin das bisher angewandte Genehmigungsverfahren zu beachten. Bezüglich der Konfessionalität des Religionsunterrichts gilt auch für diese Gymnasien die obige Regelung.

III. Übrige Schulbereiche

Die Kirchenleitungen halten daran fest, daß in allen übrigen Schulbereichen bis zur Sekundarstufe II der Religionsunterricht im bisherigen Verständnis der konfessionellen Homogenität von Lehre, Lehrer und Schüler erteilt wird.

Die vorstehende Regelung gilt für die Dauer von drei Jahren zur Erprobung."

In dieser Situation, in der sich ein gemeinsamer Standpunkt der Kirchen noch nicht abzeichnete, war damit die Frage aufgeworfen, ob und inwieweit das *Kultusministerium* eine Regelungsbefugnis besitzt. Die beiden evangelischen Landeskirchen verneinten diese Frage unter Berufung auf die „Entschließung des Rates der Evangelischen Kirche in Deutschland zum Religionsunterricht in der Sekundarstufe II" vom 19. 10. 1974, der eine „Gutachtliche Stellungnahme zum Religionsunterricht in der Sekundarstufe II" vom 14. 10. 1974 zugrunde liegt. Hier wird in Ziff. IV 5 ausgeführt:

„Sollte hinsichtlich der schulischen Organisation zwischen den beiden Konfessionen kein Einverständnis darüber erreicht werden können, was den Grundsätzen beider großen Kirchen entspricht, kann doch eine Entscheidungskompetenz des Staates, was gelten solle, auch in diesem Falle nicht anerkannt werden. Es bleibt Sache der Religionsgemeinschaften selbst, über ihre Grundsätze zu befinden. Notfalls müßten unterschiedliche Bestimmungen für evangelischen und katholischen Religionsunterricht erlassen werden.

Dies wäre zwar im Hinblick auf die Zusammenarbeit in der Schule wie auch auf ökumenische Bestrebungen zu beklagen, stünde aber eher im Einklang mit den verfassungsmäßigen Bestimmungen als eine Entscheidung des Staates in Angelegenheiten, die allein den Religionsgemeinschaften unterliegen. Der Staat hat dem Verfassungsauftrag des bekenntnismäßig gebundenen Religionsunterrichts auch dann nachzukommen, wenn ihm daraus organisatorische Schwierigkeiten entstehen, soweit sie mit einiger zumutbarer Bemühung überwindbar erscheinen."

B.

I. Das Kultusministerium Baden-Württemberg hat eine gutachtliche Stellungnahme zu den Rechtsfragen erbeten, die sich aus dem unter A. dargelegten Sachverhalt ergeben. Es will insbesondere die folgenden Fragen geklärt wissen:

1. Besteht im Falle einander widersprechender Vorschläge der Kirchen über die Anerkennung, Anrechnung und Benotung der Teilnahme von Schülern am Religionsunterricht der anderen Konfession eine staatliche Regelungskompetenz?

2. Wenn sich ein evangelischer oder katholischer Schüler gem. § 68 SchVOG[5] vom Religionsunterricht abmeldet und stattdessen — im Einverständnis mit dem betreffenden Religionslehrer — den Religionsunterricht der anderen Konfession besuchen will:

a) kann ihm die Teilnahme hieran untersagt werden?

b) kann ein Verbot der Anrechnung und Benotung ausgesprochen werden?

c) kann ein Verbot der Anrechnung der *vor* der Abmeldung zulässigerweise besuchten Kurse im katholischen und/oder evangelischen Religionsunterricht ausgesprochen werden?

II. Es erscheint nützlich, vor Eintritt in die Sacherörterungen die entscheidenden Differenzpunkte in den Auffassungen der Kirchen noch einmal zu verdeutlichen:

1. Die Katholische Kirche will auch in der Sekundarstufe II die Konfessionalität des Religionsunterrichts gewahrt wissen und fordert, daß grundsätzlich auch hier Homogenität von Lehre, Lehrern *und Schülern* gelten müsse.

Demgegenüber ist der Rat der EKD der Auffassung, „daß die Bekenntnisgebundenheit des Religionsunterrichts durch die Bekenntniszugehörigkeit der Lehrer und durch die Unterrichtsinhalte in konfessionsspezifischer Entfaltung grundsätzlich hinreichend gesichert ist" (Entschließung des Rates der EKD zum Religionsunterricht in der Sekundarstufe II vom 19. Oktober 1974, Sonderdruck hrsg. von der Kirchenkanzlei der EKD, S. 3). Schülerschaftliche Homogenität wird also

---

[5] Zur Zeit der Abfassung des Gutachtens galt noch das Gesetz zur Vereinheitlichung und Ordnung des Schulwesens vom 5. Mai 1964 (GBl. S. 235). Die §§ 64—68 dieses Gesetzes stimmen mit der Neufassung in den §§ 96—100 des Gesetzes vom 23. 3. 1976 (vgl. oben Anm. 2) weithin überein; soweit sich Abweichungen ergeben, sind sie im vorliegenden Zusammenhang nicht relevant. Zu der Neuregelung vgl. im übrigen den Kommentar von W. *Holfelder* und W. *Bosse*, Schulgesetz für Baden-Württemberg, Stuttgart 1976, bes. 133 bis 138.

nicht gefordert, wenngleich nach Auffassung des Rates eine Teilnahme von Schülern am Religionsunterricht eines anderen als des eigenen Bekenntnisses „nur in einem näher zu regelnden Umfang" erfolgen könne (ebd.).

2. Vor diesem Hintergrund erscheinen in den Regelungsvorschlägen der Kirchen in Baden-Württemberg (im folgenden: „Entwurf E" und „Entwurf K") als die wichtigsten Unterschiede:

(1) Nach Entwurf K sind die evangelischen und katholischen Schüler verpflichtet, die *Mehrzahl* der Kurse — 4 von 6 — im Unterricht der eigenen Konfession zu besuchen. Entwurf E spricht demgegenüber nur davon, daß *„in der Regel"* bis zu zwei Kurse im Religionsunterricht der anderen Konfession besucht werden können, läßt also von vornherein Abweichungen von der Regel zu, ohne Kriterien hierfür zu bestimmen. Allerdings soll das nur gelten, sofern keine Bestimmungen für den katholischen Religionsunterricht dem entgegenstehen.

(2) Die Tragweite der Ziff. 3 im Entwurf E ist nicht ganz eindeutig. Nach ihrem Wortlaut ist nicht auszuschließen, daß damit eine weit über den Zusammenhang mit der Neuordnung für die Sekundarstufe II hinausreichende, sich auch auf den gesamten übrigen Schulbereich beziehende Grundsatzaussage getroffen werden soll. Der Widerspruch zum Entwurf K wäre dann offenkundig, wo im Abschnitt III das „bisherige Verständnis der konfessionellen Homogenität von Lehre, Lehrer und Schüler" bekräftigt wird.

Beschränkt man Ziff. 3 des Entwurfs E auf den Zusammenhang der Sekundarstufe II, so bringt er als Entsprechung zur „Freigabe" der eigenen Schüler und zur erwarteten Freistellung katholischer Schüler die grundsätzliche Bereitschaft zum Ausdruck, anderskonfessionelle Schüler am evangelischen Religionsunterricht teilnehmen zu lassen, freilich nur „in begrenztem Umfang" und unter der Voraussetzung der Bereitschaft der betreffenden Schüler zur Mitarbeit im evangelisch-konfessionell gestalteten Unterricht. Ein weiterer Vorbehalt, etwa der in Ziff. 1 formulierten Art, wird nicht gemacht.

Entwurf K beschränkt sich in Nr. I. 7 auf die Bestimmung, daß im Hinblick auf die bekenntnismäßige Zielsetzung des Religionsunterrichts die Teilnahme von Schülern der anderen Konfession der Zustimmung des für den Kurs verantwortlichen Religionslehrers bedarf. Andererseits wird in Nr. I. 4 ausdrücklich betont, daß Schüler, die im Pflichtbereich mehr als zwei Halbjahreskurse Religionsunterricht in einer anderen als der eigenen Konfession besuchen, keine zählenden Leistungsbewertungen erhalten können.

(3) Die möglichen praktischen Konsequenzen aus diesen Auffassungsdifferenzen werden vom Kultusministerium in seinem Auftragsschreiben wie folgt deutlich zu machen versucht:

„Ein katholischer Schüler hat mehr, als von der katholischen Kirche zugelassen, Kurse im evangelischen Religionsunterricht mit Billigung der evangelischen Kirche besucht. Ist es rechtlich zulässig, ihn nicht zur Abiturprüfung zuzulassen, weil er die vier vorgeschriebenen Kurse in katholischem Religionsunterricht nicht besucht und sich auch nicht vom katholischen Religionsunterricht nach § 68 SchVOG abgemeldet hat? Für evangelische Schüler oder Schüler, die einer anderen Religionsgemeinschaft angehören, wäre diese Regelung nicht so streng. Es könnte also der Fall eintreten, daß ein katholischer Schüler nicht zur Abiturprüfung zugelassen wird, während ein Schüler einer anderen Konfession mit entsprechenden Kursen zugelassen würde."

III. Die Frage der Konfessionalität des Religionsunterrichts ist in letzter Zeit schon mehrfach Gegenstand von gutachtlichen Äußerungen gewesen. Die folgenden standen dem Verfasser zur Verfügung:

1. *A. Frhr. von Campenhausen* vom 6. 2. 1974,

2. *J. Listl* vom 12. 2. 1973 (I), 26. 10. 1973 (II), 17. 1. 1974 (III),

3. *Th. Maunz*, Der Religionsunterricht in verfassungsrechtlicher und vertragskirchenrechtlicher Sicht, hrsg. v. Bayer. Staatsministerium für Unterricht und Kultus, München 1974,

4. *U. Scheuner* vom 24. 10. 1973 (I) und 16. 1. 1974 (II).

C.

I. Als *Prüfungsmaßstab* kommen die verfassungsrechtlichen Regeln über den Religionsunterricht (Art. 7 Abs. 2 und 3 GG; Art. 18 LVerf.) und die das gleiche Thema betreffenden Normierungen des Staatskirchenvertragsrechts (Art. 21 und 22 Reichskonkordat; Art. XI Badisches Konkordat mit Schlußprotokoll hierzu; Art. VIII Badischer Evangelischer Kirchenvertrag mit Schlußprotokoll hierzu), ferner die §§ 64—68 SchVOG in Betracht.

Das Verhältnis dieser Normen zueinander bietet insofern eine Schwierigkeit, als sowohl die Regelungen der beiden badischen Staatskirchenverträge als auch Art. 18 LVerf. im Blick auf die Schulrechtstradition in Baden bei einigen Autoren eine Deutung erfahren, welche die Vereinbarkeit dieser Normen mit dem Grundgesetz zweifelhaft machen würde. So wird etwa gesagt, die Staatskirchenverträge hätten — im Einklang mit Art. 149 WRV — die besondere Gestaltung aufrechterhalten und bekräftigt, daß der Religionsunterricht nicht wie in anderen Ländern im Auftrag des Staates, sondern kraft eigenen Rechts durch die

Kirchen erteilt werde⁶. Nach baden-württembergischem Recht besorgten die Religionsgemeinschaften selbst den Religionsunterricht; er sei demgemäß eine Veranstaltung der Kirche, nicht des Staates⁷. Dieser Auffassung, wonach die Regelung des Religionsunterrichts in Baden-Württemberg anders sei als in den übrigen Ländern der Bundesrepublik, ist auch der verbreitete Kommentar zum baden-württembergischen Schulgesetz⁸.

Doch kann sowohl dahingestellt bleiben, ob diese Deutung überhaupt zutrifft⁹, als auch, ob die betreffenden Normen, falls jene Deutung zwingend geboten wäre, mit dem Grundgesetz vereinbar sind¹⁰. Denn, wie immer man in dieser Frage urteilt: das baden-württembergische Recht stimmt in jenen beiden Grundelementen der verfassungsrechtlichen Gewährleistung, die im vorliegenden Sachzusammenhang relevant sind, mit dem Grundgesetz vollkommen überein, nämlich in der Garantie des Religionsunterrichts als eines ordentlichen Lehrfachs sowohl als auch bezüglich der Notwendigkeit der Übereinstimmung mit den Grundsätzen der Religionsgemeinschaften¹¹. Jedenfalls läßt sich sicherlich ganz allgemein mit den Worten des Bundesverwaltungsgerichts sagen, daß auch nach baden-württembergischem Recht der Religionsunterricht „zu einem integrierenden Bestandteil der staatlichen Schulorganisation und

---

⁶ So, mit Entschiedenheit, *O. Friedrich,* Der evangelische Kirchenvertrag mit dem Freistaat Baden, Lahr 1933, 132. *Friedrich* ist dieser Meinung auch in bezug auf die Rechtslage unter dem Grundgesetz, vgl. seine Einführung in das Kirchenrecht unter besonderer Berücksichtigung des Rechts der Evangelischen Landeskirche in Baden, Göttingen 1961, 380, 496. Vgl. auch *E. Föhr,* Geschichte des Badischen Konkordats, Freiburg 1958, 35.

⁷ *P. Feuchte / P. Dallinger,* Christliche Schule im neutralen Staat: DÖV 1967, 371. Vgl. ferner die Erläuterung zu Art. 39 Württ.-Bad. Verf. bei *R. Nebinger* (Hrsg.), Kommentar zur Verfassung zu Württemberg-Baden, Stuttgart 1948, 159. In dieser Richtung auch *R. Schmoeckel,* Der Religionsunterricht. Die rechtliche Regelung nach Grundgesetz und Landesgesetzgebung, Berlin 1964, 205—219; *R. von Drygalski,* Die Einwirkungen der Kirchen auf den Religionsunterricht an öffentlichen Schulen, Göttingen 1967, 112—125.

⁸ *H. Hochstetter,* Gesetz zur Vereinheitlichung und Ordnung des Schulwesens in Baden-Württemberg. Erläuterte Textausgabe, 11. Aufl., Stuttgart 1974, 147—149.

⁹ Bemerkenswert schon *R. Spreng / W. Birn / P. Feuchte,* Die Verfassung des Landes Baden-Württemberg, Stuttgart und Köln 1954, 95 (zu Art. 18): „Der Religionsunterricht ist nach wie vor eine staatliche, nicht eine kirchliche Veranstaltung." Vgl. sodann insbesondere *B. Rumpf,* Ist Religionsunterricht an den Volksschulen in Baden-Württemberg eine kirchliche Veranstaltung?: DÖV 1968, 14—16; *dens.,* Fragen zum Religionsunterricht in Baden-Württemberg: BaWüVbl. 1971, 166—168.

¹⁰ Vgl. dazu *E. Friesenhahn,* Religionsunterricht und Verfassung: Essener Gespräche zum Thema Staat und Kirche 5 (1971), 78, jetzt insbesondere *Ch. Link,* Religionsunterricht: HdbStKirchR II (1975), 513 (mit Anm. 62), wo eine verfassungskonforme Auslegung für möglich und notwendig gehalten wird.

¹¹ Das ließe sich im einzelnen aus dem zitierten Schrifttum belegen. Vgl. auch *Link,* Religionsunterricht (Anm. 10), 513.

Unterrichtsarbeit erhoben" und „zu einer — jedenfalls auch — staatlichen Aufgabe erklärt" ist[12].

Für das folgende kann deshalb von einer Kongruenz zwischen dem Landesrecht und Art. 7 Abs. 3 Satz 1 und Satz 2 GG ausgegangen werden. Dadurch wird Art. 18 LVerf. nicht gegenstandslos; denn Bundesverfassungsrecht bricht inhaltsgleiches Landesverfassungsrecht nicht[13].

Insbesondere behält aber auch das Staatskirchenvertragsrecht, das insoweit unzweifelhaft fortgilt und dessen Verhältnis zum Landesverfassungsrecht durch Art. 8 LVerf. näher bestimmt wird, seine Bedeutung. Demgemäß muß im folgenden durchweg beachtet werden, daß Staat und Kirchen in Baden-Württemberg in der Materie Religionsunterricht vertraglich gebunden sind[14]. Soweit also die vertragliche Bindung reicht, dürfen Veränderungen im „System" des Religionsunterrichts nur im Einvernehmen mit den kirchlichen Partnern vorgenommen werden. Handelt es sich um Veränderungen, die im Rahmen des durch Interpretation der vorhandenen Normen Möglichen bleiben, genügt es, wenn — in Anwendung der jeweiligen Freundschaftsklauseln — Einvernehmen im materiellen Sinne hergestellt ist. Ist jener Rahmen überschritten, bedürfte es — außer einer Verfassungs- oder Gesetzesänderung — auch einer förmlichen Änderung des Vertrages. Daß nach herrschender Lehre der staatliche Gesetzgeber mit für den staatlichen Rechtskreis verbindlicher Wirkung einseitig vertragswidriges Recht setzen *kann* (wenn auch nicht *darf*), braucht — als Ausdruck einer derzeit nicht gegebenen Konfliktsituation — nicht weiter in Betracht gezogen zu werden[15].

II. Die Gutachtenfrage hat ihren Angelpunkt in dem *Problem der bekenntnismäßigen Homogenität der Schülerschaft als Moment der Konfessionalität des Religionsunterrichts.* Für ihre Beantwortung ist aus dem Ensemble der Grundelemente der verfassungsrechtlichen Gewährleistung (Art. 7 Abs. 2 u. 3 GG; Art. 18 LVerf.) zunächst anzuknüpfen an den Begriff des Religionsunterrichts als eines ordentlichen Lehrfachs und an den Begriff der Übereinstimmung mit den Grundsätzen der Religionsgemeinschaften. Diese beiden Grundelemente haben in ihrem Kern eine eigenständige Bedeutung, gewissermaßen einen

---

[12] BVerwGE 42, 346 (348).
[13] Klargestellt jetzt durch BVerfGE 36, 342 (362 f.).
[14] Zwar steht die evangelische Landeskirche in Württemberg nicht in einem Vertragsverhältnis zum Land; kraft des Paritätsgrundsatzes müßten ihr aber entsprechende Regelungen mit anderen Kirchen zugute kommen. Vgl. zu dieser Rechtsproblematik A. *Hollerbach,* Verträge zwischen Staat und Kirche in der Bundesrepublik Deutschland, Frankfurt a. M. 1965, 133 f. Zur territorialen Lage in Baden-Württemberg ebd., 61 u. 64.
[15] Vgl. dazu A. *Hollerbach,* Die vertragsrechtlichen Grundlagen des Staatskirchenrechts: HdbStKirchR I (1974), 285—287.

spezifischen „Sitz im Leben". Sie stehen aber in notwendiger Bezogenheit aufeinander und können deshalb nicht völlig isoliert voneinander betrachtet werden. Ferner ist durchweg darauf zu achten, in welcher Weise bei der Konkretisierung der Begriffe das „Selbstverständnis" der Kirchen und Religionsgemeinschaften eine Rolle spielt. Dabei ist von dem Grundgedanken auszugehen, daß die staatskirchenrechtlichen Begriffe einheitlich auszulegen sind, daß aber einheitlich vielfach nur ihr weltlicher Rahmen- und Mantelcharakter ist[16].

III. 1. Im Interesse einer möglichst klaren Fixierung des Ausgangspunktes ist im folgenden bei der Analyse dessen, was *„Religionsunterricht als ordentliches Lehrfach"* bedeutet, zunächst von der besonderen Situation des Religionsunterrichts in der Sekundarstufe II abzusehen. Verfassungs- und Vertragsrecht, demgemäß auch das Gesetzesrecht, haben von ihrer Entstehungszeit her und bezogen auf die seitherige Entwicklung eine Schule im Auge, die durchgehend in Jahrgangsklassen mit einem festen Fächerkanon gegliedert ist.

Die evangelische Auffassung, wonach für die Konfessionalität des Religionsunterrichts die bekenntnismäßige Homogenität der Schülerschaft nicht konstitutiv ist[17], kann sich zur Begründung auf eine Rechtsmeinung stützen, die davon ausgeht, es spreche insgesamt mehr dafür, daß die Teilnahme des Schülers am Religionsunterricht der eigenen Konfession lediglich eine bisherige Gewohnheit, aber keinen Rechtssatz darstelle[18].

Diese Rechtsauffassung hält einer kritischen Prüfung nicht stand.

Die neuesten gründlichen Untersuchungen zum Thema kommen — sachlich übereinstimmend — zu dem Ergebnis, daß die Gewährleistung des Religionsunterrichts als ordentliches Lehrfach nicht nur bedeutet, daß insoweit *für die Schule* „Lehrfachzwang" besteht, sondern daß der Religionsunterricht „abgesehen von den normierten Ausnahmen" *auch für die Schüler* „Pflichtfach (nicht: Wahlfach)" ist[19], daß er „als Pflichtfach mit verfassungsverbürgter Befreiungsmöglichkeit für Lehrer und Schüler" zu qualifizieren ist[20]. Das bedeutet zunächst, daß der Religionsunterricht kraft staatlicher (nicht kraft kirchlicher!) Normierung Gegen-

---

[16] Vgl. *M. Heckel*, Die religionsrechtliche Parität: HdbStKirchR I (1974), 505, in notwendiger Präzisierung der etwa vom BVerfG gebrauchten Formel (E 24, 236 [247 f.]).

[17] Vgl. dazu die oben S. 86 f. (B II 1) zitierte Entschließung des Rates der EKD vom 19. 10. 1974, Ziff. 4 (Sonderdruck, 3).

[18] Gutachtliche Stellungnahme zum Religionsunterricht in der Sekundarstufe II vom 14. 10. 1974 (vgl. oben S. 85), III 3 g (15).

[19] So *F. Müller / B. Pieroth*, Religionsunterricht als ordentliches Lehrfach, Berlin 1974, 50, 63, 67.

[20] Dies ist die Formulierung von *Link*, Religionsunterricht (Anm. 10), 517.

stand der allgemeinen Schulpflicht[21] ist, über deren Einhaltung der Staat zu wachen hat.

2. Die tatsächliche und rechtliche Entwicklung hat allerdings bis vor wenigen Jahren kaum Veranlassung gegeben, genauer zu bestimmen, wer auf der Seite der Schüler Pflichtsubjekt ist bzw. an welchen Tatbestand für die Statuierung der Pflicht anzuknüpfen ist. Aber schon in einer maßgebenden Darstellung der Rechtslage unter der Weimarer Reichsverfassung wird — freilich unter Berufung auf die „Grundsätze" der Religionsgemeinschaften — hervorgehoben, daß grundsätzlich der Religionsunterricht immer nur für Angehörige jeweils *einer* Religionsgemeinschaft erteilt werden kann[22].

Auch für die Rechtslage unter dem Grundgesetz ist — beinahe wie selbstverständlich — gesagt worden, aus der Qualifizierung des Religionsunterrichts als ordentliches Lehrfach folge, „daß grundsätzlich die Schüler einer bestimmten Konfession verpflichtet sind, an dem Religionsunterricht *ihres* Bekenntnisses teilzunehmen"[23]. Das ist auch sachlich zwingend, weil der auf konfessionelle Neutralität verpflichtete Staat für eine *Verpflichtung,* die in den Bereich von Glauben und Religion hineinreicht, überhaupt nur an das Moment der formellen Konfessionszugehörigkeit anknüpfen darf[24].

Das würde übrigens erst recht gelten, falls man den Religionsunterricht im Rahmen der Schule als kirchliche Veranstaltung auffassen wollte. Aus der Pflicht zur religiösen und konfessionellen Neutralität folgt nämlich, daß der Staat einer Religionsgemeinschaft keine Hoheitsbefugnisse gegenüber Personen verleihen darf, die ihr nicht angehören[25], oder allgemeiner: daß solche Personen nicht einer religiös relevanten Pflichtigkeit unterworfen werden dürfen.

---

[21] Vgl. dazu § 41 Abs. 4 SchVOG mit den Erläuterungen von *Hochstetter,* SchVOG (Anm. 8), 111.

[22] *W. Landé,* Die Schule in der Reichsverfassung, Berlin 1929, 201. Vgl. im übrigen dazu *Schmoeckel,* Religionsunterricht (Anm. 7), 134, ferner *J. Listl,* Zur Frage der verfassungsrechtlichen Zulässigkeit eines „kooperativ-konfessionellen" Religionsunterrichts an der Gesamtschule in Weinheim, Rechtsgutachten vom 12. Februar 1973 (zit.: Gutachten I), in *diesem* Band, S. 49—55.

[23] So *Friesenhahn,* Religionsunterricht (Anm. 10), 84 (Hervorhebung von mir). Eine ebd., S. 111 gemachte Diskussionsbemerkung des Autors kann damit freilich nicht in Einklang gebracht werden. Vgl. auch *P. Feuchte,* Wer entscheidet über die Teilnahme des Kindes am Religionsunterricht?: DÖV 1965, 665, und *U. Scheuner,* Öffnung des Religionsunterrichts auf der Sekundarstufe für Schüler der anderen Konfession, Rechtsgutachten vom 16. Januar 1974 (zit.: Gutachten II), in *diesem* Band, S. 57—72.

[24] Vgl. zum Grundsätzlichen *K. Schlaich,* Neutralität als verfassungsrechtliches Prinzip, Tübingen 1972, u. a. 213.

[25] Vgl. BVerfGE 19, 206 (216).

3. Rechtsgeschichtliche Entwicklung und gegenwärtige Rechtslage in Baden-Württemberg fügen sich dem in einer Weise ein, welche die Problematik weiter zu klären geeignet ist. Dabei darf die badische Schulrechtstradition schon mit Rücksicht auf ihre durch Art. 15 LVerf. sanktionierte Maßgeblichkeit für die Gegenwart besondere Beachtung beanspruchen[26].

§ 12 Abs. 1 des Gesetzes vom 9. Oktober 1860, die rechtliche Stellung der Kirchen und kirchlichen Vereine im Staate betr. (RegBl. S. 375) statuiert, daß die Kirchen den Religionsunterricht „für ihre Angehörigen" überwachen und besorgen. Nach § 40 Abs. 1 des Badischen Schulgesetzes vom 7. Juli 1910 (Bad. GVBl. S. 385) werden für den Religionsunterricht „für jede getrennt unterrichtete Abteilung der Schüler" in den Lehrplan wöchentlich drei Stunden aufgenommen. Demgemäß ist das Prinzip der bekenntnismäßigen Homogenität der Schülerschaft auch Inhalt der Abreden in den badischen Staatskirchenverträgen geworden; denn der Staat sicherte ausdrücklich beiden kirchlichen Partnern in völlig gleicher Weise zu, die bezüglich des Religionsunterrichts an den badischen Schulen geltenden Rechte der Kirchen würden aufrechterhalten (Schlußprotokoll zu Art. XI BadK; Schlußprotokoll zu Art. VIII BadKV). Für die Fragestellung des Gutachtens besonders bemerkenswert erscheint die Aussage des Kommentators des Badischen Kirchenvertrages, daß in allen Anstalten, in denen Religionsunterricht Pflichtfach sei, „die Schüler, die Angehörige der Evangelischen Landeskirche sind", verpflichtet seien, diesen Unterricht wie jedes andere Pflichtfach zu besuchen. Das sei eine Folgerung aus der Qualifizierung des Religionsunterrichts als ordentliches Lehrfach[27].

Hinzuweisen ist schließlich auf § 64 Abs. 2 SchVOG. Wenn es hier heißt, der Religionsunterricht werde „nach Bekenntnissen getrennt" in „Übereinstimmung mit den Lehren und Grundsätzen der betreffenden Religionsgemeinschaft" erteilt, so wird damit nicht nur zum Ausdruck gebracht, daß es — in objektiver Hinsicht — konfessionell verschiedenen Religionsunterricht gibt; es wird damit vielmehr auch normiert, daß die Schülerschaft je nach dem persönlichen Bekenntnis getrennt wird, mithin eine Art „itio in partes" erfolgt. Das wird bestätigt durch die im gleichen systematischen Zusammenhang erfolgende Regelung über den Religionsunterricht für religiöse Minderheiten. Hier wird schon im Wortlaut des Gesetzes auf die Schüler abgestellt, die der betreffenden religiösen Minderheit angehören[28].

---

[26] Vgl. zu Art. 15 LVerf. *A. Hollerbach*, Die verfassungsrechtlichen Grundlagen des Staatskirchenrechts: HdbStKirchR I (1974), 245; ferner *W. Geiger*, Kirchen und staatliches Schulsystem, ebd. II (1975), 496 ff.
[27] *Friedrich*, Der ev. Kirchenvertrag (Anm. 6), 130 f.

Jedenfalls für Baden-Württemberg kann deshalb eindeutig gesagt werden, daß die konfessionelle Homogenität der Schülerschaft nicht nur eine Gewohnheit oder eine Übung darstellt, sondern daß sie schon immer *von Rechts wegen* bestand und so noch heute besteht[29].

Das bedeutet nicht, daß es nicht *Ausnahmen* gegeben hätte oder geben dürfte, etwa in der Form der gastweisen oder informativen Teilnahme[30] oder in durch örtliche Verhältnisse bedingten Grenzfällen, wenn z. B. Schüler einen Religionsunterricht ihres Bekenntnisses nicht erreichen können[31].

Aber nach alledem gehört die konfessionelle Homogenität der Schülerschaft *im Prinzip* zu den das „System" des verfassungsverbürgten und vertragsgesicherten Religionsunterrichts konstituierenden Merkmalen[32]. Unter dem Aspekt des Elements „ordentliches Lehrfach" jedenfalls wäre eine Ordnung des Religionsunterrichts, die schon von diesem Prinzip *als Prinzip* absehen wollte, nicht mehr in Einklang mit den Normen des Verfassungs- und Vertragsrechts zu bringen.

4. Daß hier ein besonderes Selbstverständnis der Kirchen durchschlagend zur Geltung gebracht werden könnte, ist nicht ersichtlich. Der Begriff „ordentliches Lehrfach" ist ein Begriff des staatlichen Schulrechts, der zudem gerade der gleichstellenden Einordnung des Religionsunterrichts in das staatliche Schulsystem dient. Hier ist — solange die Kirchen vom staatlichen Angebot dieser Gewährleistung Gebrauch machen — für ein besonderes kirchliches Selbstverständnis kein Raum. Aber selbst wenn man der Auffassung sein wollte, es handle sich um einen spezifisch staatskirchenrechtlichen Begriff, so stünde in casu allenfalls dessen „weltlicher Rahmen- und Mantelcharakter" in Rede[33], so daß auch unter diesem Aspekt nur eine einheitliche Interpretation zulässig wäre.

---

[28] Vgl. § 64 Abs. 3 u. 4 SchVOG und dazu die Erläuterungen von *Hochstetter*, SchVOG (Anm. 8), 149.

[29] Insoweit präzisierungsbedürftig *Scheuner*, Gutachten II (Anm. 23), S. 65 f. wenn dort gesagt wird, die Verpflichtung der Schüler, am Religionsunterricht ihres Bekenntnisses teilzunehmen, habe zwar von den gesetzlichen Vorschriften vorausgesetzten Übung entsprochen, sei aber nicht besonders normativ ausgesprochen gewesen.

[30] Vgl. dazu *Th. Maunz*, Der Religionsunterricht in verfassungsrechtlicher und vertragskirchenrechtlicher Sicht (zit.: Gutachten), hrsg. vom Bayer. Staatsministerium für Unterricht und Kultus, München 1974, 46 f.

[31] So *Scheuner*, Gutachten II (Anm. 23), S. 66. Aufschlußreich hierzu die Ergebnisse einer Konferenz der Leiter der Diözesan-Schulabteilungen (12./ 13. 11. 1973 in Mainz): Informationen, hrsg. von der Presse- und Informationsstelle des Erzbistums Freiburg, 1973, 319.

[32] Insoweit komme ich, wenn auch z. T. mit anderer Begründung, zu dem gleichen Ergebnis wie *Maunz*, Gutachten (Anm. 30), 47 (Zusammenfassung).

[33] Vgl. dazu *Heckel*, Parität (Anm. 16), 505.

5. Die bisherigen Darlegungen haben zunächst von der Neuordnung der Sekundarstufe II abgesehen. Es ist jetzt die Frage aufzuwerfen, ob das bislang gefundene Ergebnis im Blick auf die Veränderung der Konzeption der Schule, die dieser Neuordnung zugrundeliegt, nicht modifiziert werden muß.

Schon alsbald nach Beginn der Gespräche zwischen Staat und Kirche über die Stellung des Religionsunterrichts in der Sekundarstufe II hat sich überwiegend die Auffassung Geltung verschaffen können, daß der Begriff „ordentliches Lehrfach" nicht das System der Jahrgangsklassen mit einer bestimmten Anzahl von Fächern zementiert, sondern daß kraft der staatlichen Schulhoheit ein Übergang zu einem differenzierten Kurssystem möglich ist[34].

Die verfassungsrechtliche Garantie des Religionsunterrichts muß freilich auch in einem solchen System in ihrer Substanz unangetastet bleiben. Dafür, wie das geschehen kann, wurde eine vom Rat der EKD unter dem 7. 7. 1971 ausdrücklich gutgeheißene „Gutachtliche Äußerung zu verfassungsrechtlichen Fragen des Religionsunterrichts" einer amtlich berufenen Kommission der evangelischen Kirche wegweisend. Hier heißt es:

„Normativ bezeichnet ... ‚ordentliches Lehrfach' die Präsenz bestimmter Inhalte und Aufgaben des Religionsunterrichts im Gesamtlehrangebot der Schule (Curriculum) mit grundsätzlicher Teilnahmeverpflichtung ... Die Weiterentwicklung der Unterrichtsgestaltung über den Fächerunterricht hinaus muß beim Religionsunterricht den gleichen Prinzipien folgen, die auch für andere Inhalte und Fächer gelten ... In der Sekundarstufe II wird dem Anspruch des ‚ordentlichen Lehrfachs' genügt, wenn der Religionsunterricht in den Pflichtbereich einbezogen wird[35]."

Soweit ersichtlich, gehen auch die Stellungnahmen der Deutschen Bischofskonferenz von diesem Grundverständnis aus[36]. Die in Baden-Württemberg vorgesehenen Neuregelungen stehen ebenfalls auf dieser Basis.

Diese fortentwickelte Interpretation von Art. 7 Abs. 3 Satz 1 GG überschreitet die ihr gezogenen Grenzen nicht, wie in Übereinstimmung mit mehreren Autoren ausdrücklich festgehalten werden darf[37].

---

[34] Zu den verfassungsinterpretatorischen Grundsatzfragen in diesem Zusammenhang vgl. *U. Scheuner*, Normative Gewährleistung und Bezugnahme auf Fakten im Verfassungstext, in: Öffentliches Recht und Politik. Festschrift für Hans Ulrich Scupin, Berlin 1973, 323—341; ferner *Müller / Pieroth*, Religionsunterricht (Anm. 19), 51, 56 ff.

[35] Text in: Die evangelische Kirche und die Bildungsplanung, Heidelberg 1972, 122 f.

[36] Vgl. z. B. die „Bischöfliche Erklärung zum Religionsunterricht" (1.—4. 3. 1971): HerKorr 25 (1971), 193. Vgl. dazu auch *Link*, Religionsunterricht (Anm. 10), 533 f.

Zugleich darf man davon ausgehen, daß Staat und Kirchen, soweit sie vertraglich gebunden sind, auch der Interpretation der Verträge diese Auffassung zugrunde legen.

Es ist aber offenkundig, daß es damit — wenngleich in verändertem Gesamtzusammenhang und in differenzierter Form — beim Charakter des Religionsunterrichts als eines Pflichtfachs geblieben ist. Er ist nach wie vor Pflichtfach für die Schule wie Pflichtfach für die Schüler. Demgemäß kann sich auch unter diesem Aspekt am Prinzip der Konfessionalität, soweit es auf die Homogenität der Schüler bezogen ist, nichts geändert haben. Der Religionsunterricht hat dieses Element gewissermaßen in die neue Umwelt der Sekundarstufe II mitgeommen. Immerhin wäre es denkbar, in Anbetracht der spezifischen Zielsetzungen des Kursunterrichts den Spielraum der möglichen Abweichungen vom Prinzip für größer als jedenfalls in der Primar- oder der Sekundarstufe I zu halten. Aber weder der Staat noch die Kirchen sind unter dem Gesichtspunkt der Garantie des ordentlichen Lehrfachs von dem Prinzip als solchem freigezeichnet. Wollte man dies erreichen, müßte man die Verfassung und die Verträge ändern.

IV. 1. Nach Verfassung und Vertrag ist Religionsunterricht als ordentliches Lehrfach in Übereinstimmung mit den *„Grundsätzen"* der jeweiligen Religionsgemeinschaft zu erteilen[38].

Es ist zu prüfen, wie sich die Problematik der konfessionellen Homogenität der Schülerschaft unter diesem Aspekt darstellt. Dabei läßt sich jedoch der normative Sinngehalt des Gebots der Übereinstimmung mit den Grundsätzen der Religionsgemeinschaften keineswegs mit einer einfachen, handlichen Formel bestimmen. Unzweifelhaft ist allerdings, daß mit „Grundsätzen" in erster Linie die zentralen Glaubens- und Sittenlehren gemeint sind und daß demgemäß die Bindung an die „Grundsätze" die „konfessionelle Positivität und Gebundenheit" *(Anschütz)* des Religionsunterrichts sichern soll[39].

Davon geht auch das Bundesverwaltungsgericht in seinem Urteil vom 6. Juli 1973 aus, wenn dort gesagt wird, gemäß dem Übereinstimmungsgebot sei der Schule „die Bestimmung des Lehrinhalts" weitgehend

---

[37] Vgl. insbes. *Link,* Religionsunterricht (Anm. 10), 534; *Scheuner,* Gutachten II (Anm. 23), S. 69.

[38] Im Unterschied zu Art. 7 Abs. 3 Satz 2 GG und Art. 18 LVerf. spricht § 64 Abs. 2 SchVOG von *„Lehren und* Grundsätzen". Hiermit wird aber nur etwas ausdrücklich benannt, was sonst unzweifelhaft schon unter „Grundsätze" zu subsumieren ist.

[39] So überzeugend *Link,* Religionsunterricht (Anm. 10), 535 f. Grundsätzlich abweichend, aber in Voraussetzungen und Folgerungen unhaltbar, *D. Ehlers,* Entkonfessionalisierung des Religionsunterrichts, Neuwied u. Berlin 1975; vgl. die Zusammenfassung S. 94 ff.

entzogen; zulässiger Inhalt des Religionsunterrichts sei die Vermittlung der Glaubenssätze der jeweiligen Religionsgemeinschaft[40].

Schon nicht mehr unzweifelhaft ist es dagegen, ob sich das Übereinstimmungsgebot auch auf Fragen der Methodik und Didaktik bezieht. Doch dürfte der unlösbare Zusammenhang von Inhaltlichem und Methodisch-Didaktischem eher für eine Bejahung dieser Frage sprechen. Jedenfalls muß gewährleistet sein, daß der Stoff den Jugendlichen in einer Weise vermittelt wird, wie dies für eine kirchliche Unterweisung spezifisch ist[41], und daß die Lehrziele angestrebt werden, die nach kirchlicher Auffassung für den Religionsunterricht wesentlich sind[42].

2. Erst die jüngste Entwicklung im Schulwesen und in der Religionspädagogik hat das Problem aufkommen lassen, ob auch die Frage der schülerschaftlichen Homogenität als Element der Konfessionalität des Religionsunterrichts vom normativen Sinngehalt des Übereinstimmungsgebots erfaßt wird, und, wenn ja, in welcher Weise. Daß diese Frage gerade im vorliegenden Zusammenhang sozusagen entscheidungserheblich ist, ergibt sich aus der dem Vorschlag der Evangelischen Landeskirchen zugrunde liegenden Rechtsauffassung, wonach dem Staat keine Entscheidungskompetenz zusteht, wenn eine Religionsgemeinschaft auf dem Weg über die Bestimmung ihrer Grundsätze vom Prinzip der schülerschaftlichen Homogenität abrücken möchte[43].

Man kann dieser Auffassung nicht dadurch begegnen, daß man den verfassungsrechtlichen Ort für die Frage der schülerschaftlichen Homogenität nur im Bereich des Begriffs „ordentliches Lehrfach" sieht. Denn unzweifelhaft hängen — in bezug auf die Lehre — objektive Konfessionalität, die eindeutig eine Frage der Grundsätze ist, und — in bezug auf die Schüler — subjektive Konfessionalität aufs engste miteinander zusammen. So ist etwa zu Recht hervorgehoben worden, der Religionsunterricht als verfassungsrechtliche institutionelle Garantie sei objektiv bekenntnisgebunden und darauf angelegt, den Schüler in einer seiner jeweiligen Entwicklungsstufe angemessenen Weise auch subjektiv zu einer bekenntnismäßigen und bekenntnisbewußten Erarbeitung und Aneignung der intendierten Lernziele zu bewegen[44]. Es ist weiter zu

---

[40] BVerwGE 42, 346 (350).
[41] Vgl. dazu H. *Peters,* Elternrecht, Erziehung, Bildung und Schule: Die Grundrechte, hrsg. v. K. A. Bettermann / H. C. Nipperdey / U. Scheuner, Bd. IV/1, Berlin 1960, 423, wo als Beispiele der Katechismus, die Heilige Schrift und bestimmte Gebete angeführt werden. Zum Stand der Diskussion vgl. im übrigen *Link,* Religionsunterricht (Anm. 10), 535 ff.
[42] Vgl. dazu *Maunz,* Gutachten (Anm. 30), 28.
[43] Vgl. das vom Rat der EKD zustimmend zur Kenntnis genommene Gutachten vom 14. 10. 1974 (Anm. 18), 19.
[44] Vgl. J. *Listl,* Zur Frage, ob einer Öffnung des bisher nach Konfessionen getrennt erteilten Religionsunterrichts für Schüler eines anderen Bekennt-

bedenken, daß die Teilnahme von Schülern anderer Konfession auf die innere Gestaltung des Unterrichts einwirkt, so daß auch insofern die „Grundsätze" berührt sind[45].

Man steht also verfassungsrechtlich gewissermaßen auf zwei Beinen, und gerade dies ist zu betonen. Denn daraus erhellt schon, daß die Mitbetroffenheit der „Grundsätze" — nach der anderen Seite hin betrachtet — nicht einfach dazu führen kann, das Element „ordentliches Lehrfach" für unmaßgeblich zu erklären. Es muß vielmehr eine Zuordnung der beiden Elemente und darin ein sinnvoller Ausgleich erfolgen, der es ermöglicht, der verfassungsrechtlichen Garantie im ganzen gerecht zu werden[46]. Dieser Ansatzpunkt macht differenzierende Erwägungen notwendig, die den Rahmen des verfassungsrechtlich Zulässigen und Möglichen abzustecken vermögen.

3. Es ist unstreitig, daß die Religionsgemeinschaften im Kernbereich des Übereinstimmungsgebots, also in bezug auf die Glaubens- und Sittenlehren, eine grundsätzlich alleinige Entscheidungs- und Regelungskompetenz besitzen, daß sie allenfalls bezüglich der Umsetzung in die Praxis der Schule den staatlichen Arm benötigen. Nach der Seite des Staates hin gesprochen bedeutet dies, daß ihm insoweit jegliche inhaltliche Bestimmungsgewalt fehlt.

Doch ist die Kompetenz der Religionsgemeinschaften auch in diesem Bereich nicht schlechthin unbegrenzt. Das Bestimmungsrecht über die Grundsätze stellt nämlich den Verfassungsbegriff des Religionsunterrichts selbst nicht zur Disposition der Religionsgemeinschaften, so daß sich etwa Religionsunterricht nicht in allgemeine Religionskunde oder in ein Fach „Religionskritik" „umfunktionieren" ließe[47]. Hier müßte der Staat einem „Selbstverständnis" der Religionsgemeinschaften mit dem „Selbstverständnis" der Verfassung entgegentreten; denn die Verfassung kann nicht gleichzeitig die Aufrechterhaltung und die Abschaffung oder die Perversion einer Einrichtung gewährleisten.

4. Zeigt schon diese Beobachtung, daß die Maßgeblichkeit der Bestimmung der Grundsätze Grenzen hat, und zwar im Kernbereich von

---

nisses in der Sekundarstufe II des Landes Baden-Württemberg rechtliche Bedenken entgegenstehen, Rechtsgutachten vom 17. Januar 1974 (zit.: Gutachten III), in *diesem* Band, S. 73—78.

[45] Vgl. *Scheuner,* Gutachten II (Anm. 23), S. 68. Siehe auch *Link,* Religionsunterricht (Anm. 10), 535 (Anm. 170): „Rückwirkung auf die Unterrichtsgestaltung".

[46] Für die damit anvisierte verfassungsinterpretatorische Grundeinstellung darf auf *K. Hesse,* Grundzüge des Verfassungsrechts der Bundesrepublik Deutschland, 8. Aufl., Karlsruhe 1975, 26—30, verwiesen werden.

[47] Vgl. dazu *Maunz,* Gutachten (Anm. 30), 21 f. Zustimmend *Link,* Religionsunterricht (Anm. 10), 539.

inhaltlichem Verständnis und dementsprechender Gestaltung, so ist es nicht verwunderlich, wenn sich solche Grenzen aus dem Zusammenhang mit dem Element „ordentliches Lehrfach" erst recht hinsichtlich der subjektiven Seite der Konfessionalität ergeben, und zwar in folgender Richtung:

(1) Der Religionsunterricht ist als ordentliches Lehrfach eingerichtet, d. h. er ist für die Schüler, die dem betreffenden Bekenntnis angehören, Pflichtfach. Die Pflicht der staatlichen Schule, im Sinne des sog. Lehrfachzwanges Religionsunterricht anzubieten, und die Pflicht des Schülers, „seinen" Religionsunterricht zu besuchen, sind Pflichten von Staats wegen, vom Staat normierte und — unbeschadet der Abmeldemöglichkeit — mit entsprechenden Rechtsfolgen bzw. Sanktionen versehene Pflichten. Es handelt sich dabei überdies um Pflichten, die prinzipiell unabhängig davon bestehen, ob nach der inneren Ordnung der jeweiligen Religionsgemeinschaft solche Pflichten statuiert sind. Daraus folgt jedenfalls, daß die Religionsgemeinschaften in dieser Frage nicht unter Berufung auf ein bestimmtes Verständnis ihrer „Grundsätze" das alleinige und letzte Wort dergestalt haben können, daß der Staat von vornherein gezwungen wäre, einen bestimmten Regelungsvorschlag mit seinem Plazet zu versehen. Mit anderen Worten: dem Staat steht insoweit sehr wohl eine Regelungskompetenz zu, weil durch entsprechende Veränderungen der Rechts- und Pflichtenstatus der Schüler, aber auch der Lehrer, und damit der Status des Faches im ganzen berührt wird. Das gilt insbesondere im Hinblick auf Fragen wie: Verhältnis von Grund- und Leistungskursen, Anrechenbarkeit, Benotung, Versetzungs- und Prüfungserheblichkeit, Voraussetzung für eine Zulassung zum Abitur u. a. Darüber aber hat — kraft seiner Schulaufsicht (Art. 7 Abs. 1 GG) — der Staat zu befinden. Gewiß könnte der Staat von seiner Regelungskompetenz nicht in einer Weise Gebrauch machen, welche ein — möglicherweise gewandeltes — Verständnis der Religionsgemeinschaften von ihren Grundsätzen außer Betracht ließe; aber jedenfalls kann eine solche Regelungskompetenz nicht a priori in Abrede gestellt werden.

Für den praktischen Vollzug bedeutet dies, daß ein Einvernehmen hergestellt werden muß[48], dies auch schon deswegen, weil der staatliche und die kirchlichen Partner in Baden-Württemberg vertraglich gebunden sind. Ganz prinzipiell und unabhängig von konkreten Inhalten muß deshalb festgehalten werden, daß das Land nicht von Rechts wegen gezwungen sein kann, einen Regelungsvorschlag einfach zu akzeptieren,

---

[48] Zur Notwendigkeit kooperativen Verhaltens in der „gemeinsamen Angelegenheit" Religionsunterricht allgemein, aber nicht minder eindringlich *A. Frhr. von Campenhausen*, Staatskirchenrecht, München 1973, 108 ff.

der Auswirkungen auf den Rechts- und Pflichtenstatus des Schülers und des Lehrers, ja auf den Status des Faches im ganzen hat.

(2) Auch zu einem weiteren Punkt kann noch vor einer genaueren inhaltlichen Analyse der in casu vorliegenden Vorschläge Stellung genommen werden. Es kann dahinstehen, ob die staatsgesetzliche Regelung über den Religionsunterricht so zu gestalten ist, daß sie für alle Religionsgemeinschaften gleich sein muß. Daß sie aber gemäß dem das deutsche Staatskirchenrecht beherrschenden Grundsatz der *Parität* jedenfalls für die beiden Großkirchen gleich sein muß, ist nicht zu bezweifeln[49].

Das entspricht überdies dem besonderen, zumindest für den badischen Landesteil geltenden vertragsrechtlichen Befund. Die bis in den Wortlaut hinein penible Übereinstimmung gerade der den Religionsunterricht betreffenden vertraglichen Abreden mit den beiden Kirchen[50] kann nicht anders gedeutet werden denn als Wille, strictissime Parität zu gewährleisten. Selbstverständlich bedeutet diese Parität nicht Gleichheit der Inhalte; hier führt die für den Staat verbindliche Maßgeblichkeit des Gebots der Übereinstimmung mit den Grundsätzen der betreffenden Kirche notwendig zur Unterschiedlichkeit. Andererseits aber setzt diese Unterschiedlichkeit die *Gleichheit des Rechtsstatus* des Religionsunterrichts im Rahmen des staatlichen Rechts und damit die Chancengleichheit gerade voraus. In diesem Bereich fehlen dem neutralen Staat die legitimierenden Maßstäbe für eine Ungleichbehandlung[51].

Rechtlich — und natürlich erst recht faktisch — stehen die „Religionsunterrichte" der beiden großen Kirchen in einem engen Korrespondenz- und wechselseitigen Abhängigkeitsverhältnis, wie gerade die angestrebten Neuerungen zur Genüge zeigen. Das ist bei allen Regelungen in Rechnung zu stellen. Der Staat kann deshalb nicht gegenüber einer Kirche „großzügiger" sein als gegenüber der anderen, weil ein Gefälle notwendigerweise Druck erzeugt und die Gleichheit der Chancen verzerrt. Das staatliche Recht darf weder nach der einen noch nach der

---

[49] Zum Grundsätzlichen vgl. statt aller *Heckel,* Parität (Anm. 16), passim, z. B. 520. Unter Paritätsgesichtspunkten nimmt zum Religionsunterricht speziell Stellung *H. Mayer-Scheu,* Grundgesetz und Parität von Kirchen und Religionsgemeinschaften, Mainz 1970, 262—274.

[50] Vgl. Art. XI Bad. Konkordat und Schlußprotokoll dazu sowie Art. VIII Bad. Kirchenvertrag mit Schlußprotokoll dazu. Siehe ferner die Regierungsbegründungen zu den beiden Verträgen, abgedruckt bei *W. Weber,* Die deutschen Konkordate und Kirchenverträge der Gegenwart, Bd. 1, Göttingen 1962, 127 f. u. 211.

[51] So dürfte außer Zweifel stehen, daß der Staat nicht etwa die Versetzungserheblichkeit nur der Note in katholischer Religion verfügen oder vorschreiben könnte, daß nur evangelische Religionslehre in der Form von Leistungskursen angeboten werden darf, usw.

anderen Seite hin der sogenannten Proselytenmacherei oder einer Tendenz zur Ab- oder Ummeldung vom Religionsunterricht Vorschub leisten. Schließlich kann der Staat auch nicht darüber befinden, was unter dem Gesichtspunkt der ökumenischen Beziehungen möglich, wünschenswert oder notwendig ist.

Ganz besonders muß aber betont werden, daß — ebenso wie in anderen Fächern — die Schüler vor dem Forum des staatlichen Rechts, mithin bezüglich ihrer Rechte und Pflichten im Sonderstatusverhältnis[52] „Schule" gemäß Art. 3 Abs. 1 GG auch subjektivrechtlich Anspruch auf eine Regelung haben, die dem Gebot der Gleichheit entspricht. Ob es sich um katholischen oder evangelischen Religionsunterricht handelt, ob ein Schüler evangelisch oder katholisch ist, kann, ja darf in bezug auf den äußeren Rechtsstatus des Faches und derer, die daran teilzunehmen verpflichtet sind, keinen Faktor darstellen, der eine Ungleichbehandlung rechtfertigen könnte[53].

Praktisch und *normativ* bedeutet dies, daß die Kirchen sich einigen müssen, wenn sie zu einer Regelung mit dem Staat kommen wollen, ja daß Veränderungen gegenüber dem bisherigen Recht überhaupt nur unter dieser Voraussetzung zulässig sind[54]. Ein solchermaßen entstehender Zwang zur Einigung kann rechtlich nicht beanstandet werden. Im staatskirchenrechtlichen System der Bundesrepublik Deutschland ist er, jedenfalls im Bereich der „gemeinsamen Angelegenheiten", eine durchaus normale Erscheinung.

5. Dieses Rechtsgutachten hat sich nicht dazu zu äußern, ob und inwieweit sich die Kirchen überhaupt einigen können, oder dazu, was die Kirchen unter dem Aspekt ihrer „Grundsätze" von ihrem Selbstverständnis her fordern können oder müssen. Es ist aber zu prüfen, ob es für die im vorstehenden in bezug auf den äußeren Rechtsstatus des Religionsunterrichts bejahte Regelungskompetenz des Staates Kriterien oder inhaltliche Direktiven aus der Verfassung gibt, die es ihm

---

[52] Zu diesem Begriff vgl. *Hesse*, Grundzüge (Anm. 46), 136 f.

[53] Das gilt selbstverständlich auch für andere Sachbereiche innerhalb der „gemeinsamen Angelegenheiten", z. B. für Militär- und Anstaltsseelsorge.

[54] Vgl. *Listl*, Gutachten I (Anm. 22), S. 54; *ders.*, Konfessionalität des Religionsunterrichts. Verfassungs- und konkordatsrechtliche Beurteilung der vorgesehenen Einordnung des Faches „Religionsunterricht" in das Kurssystem der Mainzer Studienstufe, Rechtsgutachten vom 26. Oktober 1973 (in diesem Band *nicht abgedruckt*), 3; *ders.*, Gutachten III (Anm. 44), S. 77; *U. Scheuner*, Die Teilnahme von Schülern anderer Konfession am Religionsunterricht, Rechtsgutachten vom 24. Oktober 1973, in *diesem* Band, S. 61; *ders.*, Gutachten II (Anm. 23), S. 71. Eindeutig in diesem Sinne auch *Link*, Religionsunterricht (Anm. 10), 534 f. Vgl. auch *A. Frhr. von Campenhausen* in einem Bericht in ZevKR 20 (1975), 109, wo er klarstellt, daß gegen die Zulassung von Konfessionsfremden dann keine Bedenken bestehen, wenn die Kirchen dies wünschen.

ermöglichen, in Anbetracht der vorliegenden Entwürfe seinen Standpunkt zu klären und seine Möglichkeiten bzw. Grenzen näher zu umreißen. Dann aber ergibt sich:

(1) Solange Religionsunterricht in dem früher bezeichneten Sinne ordentliches Lehrfach ist, könnte der staatliche Partner unter der Geltung der jetzigen verfassungsrechtlichen Regeln einer Einigung der kirchlichen Partner nicht zustimmen, die den Übergang zum *Wahlfachsystem* zum Inhalt hätte. Jedenfalls wäre eine solche Konzeption nicht mehr von der Verfassung geschützt.

(2) Es wäre aber auch nicht möglich, etwa das System des *Wahl-Pflichtfachs* in dem Sinne, daß der Schüler zwar verpflichtet ist, einen Religionsunterricht zu besuchen, es ihm aber freisteht, welchen, mit der Verfassung zu vereinbaren. Die verfassungsgarantierte Abmeldung vom Religionsunterricht setzt gerade voraus, daß der konfessionsangehörige Schüler verpflichtet ist, „seinen" Religionsunterricht zu besuchen; andernfalls würde diese Verfassungsgarantie auf dem Wege einer Einigung eingeschränkt werden auf die Ermöglichung der Abmeldung vom Religionsunterricht überhaupt.

(3) Dagegen ist verfassungsrechtlich nichts einzuwenden gegen eine einvernehmlich getroffene Regelung, die eine geordnete Teilnahme am anderskonfessionellen Religionsunterricht ermöglicht, sofern dadurch das Grundprinzip der konfessionellen Homogenität *als Prinzip* nicht aufgehoben wird. Doch muß näher bestimmt werden, wie das im einzelnen geregelt werden kann.

Aus dem vorliegenden Material ist zu entnehmen, daß praktisch drei Regelungstypen in Betracht kommen.

a) die Lösung des Entwurfs E, wonach *„in der Regel"* bis zu zwei Kurse im anderskonfessionellen Religionsunterricht besucht werden können;

b) die Lösung des Entwurfs K, wonach *die Mehrzahl* der Kurse in der eigenen Konfession besucht werden muß;

c) die Lösung, wonach der Schüler *mindestens die Hälfte* der Kurse im eigenen Bekenntnis zu absolvieren hat[55].

Gegen die Lösung a) bestehen schwerwiegende verfassungsrechtliche Bedenken, weil sich bei der Statuierung eines bloßen Regel-Erfordernisses im praktischen Vollzug eine starke Annäherung an das Prinzip der Freiheit der Wahl ergeben kann. Das gilt um so mehr, als Kriterien für den Fall, der eine Abweichung von der Regel rechtfertigen könnte, nicht entwickelt sind. Auch dem rechtsstaatlichen Gebot der Rechts-

---

[55] Sie wird in der vom Rat der EKD gutgeheißenen gutachtlichen Stellungnahme vom 14. 10. 1974 (Anm. 18) erwähnt, 18.

sicherheit — für Schule, Lehrer und Schüler — ist mit einer solchen Lösung in Anbetracht der Schulwirklichkeit schwerlich Genüge getan.

Diese Bedenken werden auch nicht durch den im Entwurf E Ziff. 1 enthaltenen Zusatz entkräftet: „sofern keine Bestimmungen für den katholischen Religionsunterricht dem entgegenstehen." Gewiß kann eine Konfession der anderen keinen Schüler aufdrängen; entscheidend aber ist, daß in Ziff. 3 des Entwurfs ohne prinzipiellen, den Grundsatz der konfessionellen Homogenität der Schülerschaft berücksichtigenden Vorbehalt der Unterricht auch für anderskonfessionelle Schüler geöffnet werden soll, und zwar in einer Rechtsfolgen begründenden Weise. Die konkreten Probleme, die sich aus der vorgeschlagenen Regelung ergeben würden, werden denn auch vom Kultusministerium in seiner oben S. 88 zitierten Frage klar gesehen. Nach der hier entwickelten Rechtsauffassung (vgl. oben IV 4 (2)) wäre eine Lösung, die zu solchen Konsequenzen führen würde, schon wegen Verstoßes gegen den Gleichheitsgrundsatz verfassungsrechtlich nicht haltbar.

Man kann nicht einwenden, durch eine Regelung, wie sie Entwurf E Ziff. 3 vorsieht, würde das Recht der anderen Kirche, über ihre Grundsätze zu bestimmen, nicht betroffen; es gehe allein um die Grundsätze der einen, hier: der evangelischen Kirche. Unterstellt, die Bestimmung über die Zusammensetzung der Schülerschaft stehe im Sinne von Art. 7 Abs. 3 Satz 2 GG den Kirchen zu, so liegt auf der Hand, daß sehr wohl in den Bereich der anderen Kirche eingegriffen wird, wenn die Möglichkeit geschaffen wird, daß sich — was deren Grundsätze gerade verbieten — ihr ein Pflichtiger auf eine verfassungsrechtlich nicht gedeckte Weise entzieht. Daß dies, vom Fall des Konfessionswechsels abgesehen, auch auf dem Weg über § 68 SchVOG nicht zu erreichen ist, ist unter V näher darzulegen.

Die Lösung b) ist verfassungsrechtlich unbedenklich. Sie bringt das Grundprinzip, von dem die Verfassung ausgeht, klar zum Ausdruck und hat überdies den Vorzug, schulpraktisch leicht handhabbar zu sein.

Die Lösung c) macht zwar hinsichtlich des praktischen Vollzugs ebenfalls keine Schwierigkeiten, sie hat aber doch das prinzipielle Bedenken gegen sich, daß hier eine Gleichstellung in der Wertung erfolgt, die das Grundprinzip zu verwischen droht. Immerhin ist anzuerkennen, daß diese Lösung einen Übergang zum System der freien Wahl oder eine einfache Umkehr des Prinzips nicht zuläßt. Insofern kann sie unter dem Aspekt des Verfassungsrechts nicht eindeutig für unzulässig gehalten werden. Sollten sich die Kirchen auf diese Lösung einigen, könnte es dem Staat nicht verwehrt sein, sie einer Regelung zugrundezulegen.

V. Der Staat und die beteiligten Kirchen gehen mit Recht davon aus, daß im Rahmen der angestrebten Neuregelung die Teilnahme am Religionsunterricht der anderen Konfession, wie immer die Normierung im einzelnen gestaltet sein wird, nicht die förmliche Abmeldung vom eigenen Religionsunterricht gemäß § 68 SchVOG voraussetzt. Zwar muß aus schulorganisatorischen Gründen der Wechsel von einem Kurs zum anderen irgendwie formalisiert werden. Aber schon die im Gesetz umschriebenen tatbestandlichen Voraussetzungen sind in einem solchen Fall nicht gegeben, da der betreffende Schüler ja grundsätzlich weiterhin zum Kreis derer gehört, die „ihren" Religionsunterricht absolvieren, wie das denn auch bei der Leistungsbewertung zum Ausdruck gebracht wird.

Es bedarf aber, wie die unter B I (oben S. 86) wiedergegebenen Fragen zeigen, der Klärung, welche Konsequenzen es hat, wenn ein Schüler der Oberstufe von seinem verfassungsverbürgten, im Gesetz im einzelnen geregelten Abmelderecht Gebrauch macht[56].

Es empfiehlt sich, die einzelnen Fallkonstellationen genau zu unterscheiden.

1. Daß sich auch ein Schüler der Oberstufe mit Hilfe des § 68 SchVOG, solange nach baden-württembergischem Recht ein Ersatzunterricht nicht vorgesehen ist, *ersatzlos* der von Verfassungs wegen bestehenden Verpflichtung entziehen kann, den Religionsunterricht seiner Konfession zu besuchen, ist selbstverständlich.

2. Steht die Abmeldung im Zusammenhang mit einem *Wechsel der Konfession,* so ist der Schüler verpflichtet, nunmehr am Religionsunterricht seines neuen Bekenntnisses teilzunehmen, und er hätte dementsprechend ein von der Zustimmung des Religionslehrers unabhängiges Recht auf Teilnahme. In diesem Falle bestehen verfassungsrechtlich nicht nur keine Bedenken dagegen, vor dem Wechsel zur anderen Konfession erbrachte Leistungen im Religionsunterricht anzurechnen, eine solche Anrechnung wäre vielmehr sinnvoll und geboten.

3. Wie aber, wenn sich der Schüler von seinem Religionsunterricht abmeldet und — ohne der anderen Konfession beizutreten — am Religionsunterricht des anderen Bekenntnisses teilnehmen möchte, um dort im ganzen oder zum Teil die erforderlichen Kurse zu absolvieren?

---

[56] Im vorliegenden Zusammenhang ist es nicht erforderlich, zu allen Fragen, die mit dem Abmelderecht zusammenhängen, Stellung zu nehmen. Zusammenfassend zuletzt vor allem *Link,* Religionsunterricht (Anm. 10), 525 bis 529. Vgl. auch *Müller / Pieroth,* Religionsunterricht (Anm. 19), 38 ff. u. ö. Aus dem für die Rechtslage in Baden-Württemberg relevanten Spezialschrifttum vgl. insbesondere *Feuchte,* Wer entscheidet (Anm. 23), 661—666; *W. Geiger,* Wer bestimmt über die Teilnahme eines Schülers am Religionsunterricht an einer öffentlichen Schule?: Jugendwohl 50 (1969), 10—15, 67—73.

Hier bedarf es zur Fixierung des verfassungsrechtlichen Ausgangspunktes der Klarstellung, daß § 68 SchVOG als Konkretisierung des Grundrechts auf Gewissens-, Glaubens- und Bekenntnisfreiheit (Art. 4 Abs. 1 GG)[57] ein *Ab*melderecht, nicht aber ein *Um*melderecht normiert. Aus dem Akt der Ablehnung des religiösen Unterrichts in der eigenen Konfession kann in keiner Weise eine Befugnis abgeleitet werden, die Teilnahme am Religionsunterricht der anderen Konfession zu begehren[58].

In der Tat besteht nach der derzeitigen Rechtslage weder ein Recht des Schülers, am anderen Religionsunterricht teilzunehmen, noch eine Pflicht der anderen Religionsgemeinschaft, ihn in ihren Religionsunterricht aufzunehmen. Andererseits ist nichts dagegen einzuwenden, wenn einem Schüler der anderen Konfession die *schlichte* Teilnahme ermöglicht wird, dies übrigens unabhängig davon, ob der Schüler sich von seinem Religionsunterricht abgemeldet hat oder nicht.

Es bestehen jedoch durchgreifende Bedenken dagegen, in diesem Falle eine zählende Benotung zuzulassen und vor oder nach der „Abmeldung" besuchte Kurse für anrechenbar zu erklären. Wollte man nämlich diese Möglichkeiten einräumen, so hätte man das gesetzliche Abmelderecht praktisch zu einem Ummelderecht gemacht. In der Konsequenz bedeutete dies nichts anderes als die Anerkennung des Prinzips der freien Wahl des Religionsunterrichts. Der von der Verfassung gesteckte Rahmen wäre damit eindeutig überschritten. In dieser Auslegung wäre dann § 68 SchVOG nicht mit der Verfassung zu vereinbaren.

Dieses Ergebnis wird auch noch durch eine andere Erwägung gestützt: Könnte man das Recht der Abmeldung einfachhin als Mittel der Ummeldung benutzen, so könnte damit jede — wie auch immer im einzelnen gestaltete — Regelung über das Verhältnis der beiden „Religionsunterrichte" zueinander unterlaufen werden, anders gewendet: man könnte sich alle weiteren Regelungen sparen und bräuchte nur zu erklären, § 68 SchVOG sei als Ummelderecht zu verstehen. Das kann nicht rechtens sein.

Man mag einwenden, einer solchen „Umfunktionierung" sei dadurch gesteuert, daß der betreffende Schüler keinesfalls einen Rechtsanspruch auf Zulassung zum Religionsunterricht der anderen Konfession habe, daß er vielmehr der Zustimmung des betreffenden Religionslehrers bedürfe. Man wird bezweifeln dürfen, ob diese Zustimmungsbedürftigkeit überhaupt eine praktisch wirksame Barriere darstellen kann,

---

[57] Dieser Zusammenhang wird von § 68 Abs. 1 Satz 2 SchVOG mit Recht betont: „aus Glaubens- und Gewissensgründen".
[58] So mit berechtigter Betonung *Scheuner*, Gutachten II (Anm. 23), S. 68. Vgl. zu der Problematik auch *Maunz*, Gutachten (Anm. 30), 39 f.

zumal es sehr schwierig sein dürfte, handhabbare Kriterien dafür zu normieren. Aber entscheidend ist doch, daß in den Fällen, in denen die Zustimmung nicht verweigert wird — und das dürfte die Mehrzahl der Fälle sein —, die Abmeldung praktisch zu einer Ummeldung gemacht wird. Auf diese Weise besteht zumindest die ernsthafte Gefahr der Aushöhlung bzw. der Umkehrung des Prinzips der Konfessionalität. Für eine solche Beurteilung besteht um so mehr Anlaß, als die trotz der in § 68 SchVOG erfolgten Klarstellung („aus Glaubens- und Gewissensgründen") ohnehin dem Mißbrauch ausgesetzte Abmelde-Erklärung nicht auf ihre Motive geprüft werden kann[59].

Nach alledem kann einem Schüler, der sich gemäß § 68 SchVOG von „seinem" Religionsunterricht abgemeldet hat, zwar nicht die schlichte Teilnahme am Religionsunterricht der anderen Konfession untersagt werden, wohl aber kann, ja muß das Verbot einer Benotung und Anrechnung ausgesprochen werden. Ein solches Verbot der Anrechnung müßte sich konsequenterweise auch auf die *vor* der „Abmeldung" zulässigerweise besuchten Kurse beziehen.

D. Ergebnisse

1. Nach baden-württembergischem Verfassungs-, Vertrags- und Gesetzes-Recht ist die konfessionelle Homogenität der Schülerschaft *als Prinzip* notwendiger Bestandteil der Garantie des Religionsunterrichts als ordentliches, in Übereinstimmung mit den Grundsätzen der betreffenden Religionsgemeinschaft zu erteilendes Lehrfach. Dies gilt auch für das Fach Religionslehre in der Sekundarstufe II.

2. Modifikationen des Prinzips der schülerschaftlichen Konfessionalität können im Rahmen der Sekundarstufe II normiert werden, wenn und soweit sich der Staat und die beteiligten Religionsgemeinschaften einigen, wobei aber das Prinzip der Konfessionalität als solches gewahrt bleiben muß. Dabei sind nur solche Regelungen verfassungs- und vertragsrechtlich unbedenklich, die einen Übergang zum System des Wahl-Pflichtfachs weder rechtlich zulassen noch faktisch begünstigen und die dem rechtsstaatlichen Gebot der Rechtssicherheit entsprechen.

3. Erklärt eine Religionsgemeinschaft, zu ihren Grundsätzen im Sinne von Art. 7 Abs. 3 Satz 2 GG gehöre die konfessionelle Homogenität der Schülerschaft nicht mehr, ist der Staat weder berechtigt noch

---

[59] Übereinstimmend: *Scheuner*, Gutachten II (Anm. 23), S. 68 unter Berufung auf *Friesenhahn*, Religionsunterricht (Anm. 10), 84; vgl. ferner *Link*, Religionsunterricht (Anm. 10), 528 f.

verpflichtet, eine gesonderte Regelung für diese Religionsgemeinschaft zu erlassen. Der Staat hat vielmehr in allen Fragen, die den äußeren Rechtsstatus des Faches betreffen, eine — in Zusammenarbeit mit den Religionsgemeinschaften und unter Beachtung der vertraglichen Bindungen wahrzunehmende — eigenständige Regelungskompetenz.

4. Sowohl aus objektiv- wie aus subjektiv-rechtlichen Gründen muß der äußere Rechtsstatus des evangelischen und des katholischen Religionsunterrichts gleich sein. Regelungen, die in bezug auf Benotung, Anrechenbarkeit usw. zu unterschiedlichen Folgerungen führen würden, sind mit Verfassung und Vertrag nicht zu vereinbaren.

5. Wer sich im Zusammenhang mit einem Wechsel der Konfession (Übertritt) gemäß § 68 SchVOG von seinem Religionsunterricht abmeldet, hat ein Recht auf Teilnahme am Religionsunterricht der anderen Konfession; vorher besuchte Kurse sind anrechenbar.

6. § 68 SchVOG gewährleistet im Rahmen der geltenden staatskirchenrechtlichen Ordnung ein *A*bmelderecht, kein *U*mmelderecht. Eine andere Auslegung wäre mit der Verfassung nicht zu vereinbaren. Das rechtfertigt es, zur Sicherung gegen einen entsprechenden Fehlgebrauch dieses Rechts, ein Verbot der Anrechnung und Benotung zu statuieren. Hingegen kann die schlichte Teilnahme am Religionsunterricht der anderen Konfession nicht untersagt werden.

3. Teil: Zur weiteren Diskussion

I. Das Gutachten des Verfassers hat ein von den Evangelischen Landeskirchen in Baden-Württemberg in Auftrag gegebenes Gegengutachten von *Axel Frhr. von Campenhausen* hervorgerufen, das im wesentlichen mit dem oben in Anm. 3 zitierten Aufsatz identisch ist[60]. Der Verfasser hat dazu wiederum in einem längeren Brief vom 29. 1. 1976 Stellung genommen, der in die Verhandlungen eingebracht wurde. Der wesentliche Inhalt dieses Briefes wird im folgenden wiedergegeben[61].

1. Der erste grundlegende Differenzpunkt liegt offen zutage. Nach dem Gutachten C ist das Homogenitätsprinzip kein für den Religionsunterricht verfassungsrechtlich festgelegtes Rechtsprinzip; es ist weder

---

[60] Gutachten vom 29. 12. 1975 unter dem Titel „Staatskirchenrechtliche Beurteilung des Unterrichtsmodells für Religionsunterricht in der reformierten gymnasialen Oberstufe (Sekundarstufe II)".

[61] „Gutachten C" bedeutet „Gutachten *von Campenhausen*", „Gutachten H" meint das Gutachten des *Verfassers*.

im verfassungsrechtlichen Begriff des Religionsunterrichts noch in dem des „ordentlichen Lehrfachs" in Art. 7 Abs. 3 GG enthalten (Thesen 1 und 2)[62]. Demgegenüber hat sich das Gutachten H um den Nachweis bemüht, daß — jedenfalls nach der Rechtslage in Baden-Württemberg — die konfessionelle Homogenität der Schülerschaft als Prinzip notwendiger Bestandteil der verfassungsrechtlichen Gewährleistung des Religionsunterrichts als eines ordentlichen Lehrfachs ist. Das Gutachten C hat sich mit den dafür vorgebrachten Belegen nicht konkret auseinandergesetzt. Es hat insbesondere den maßgebenden Sachgesichtspunkt nicht hinreichend aufgenommen, der im Charakter des Religionsunterrichts als *Pflichtfach* — selbstverständlich mit „verfassungsverbürgter Befreiungsmöglichkeit" (*Link*) — liegt. Anknüpfungstatbestand für die subjektive Pflichtigkeit, am Religionsunterricht teilzunehmen, kann nur die Zugehörigkeit zur betreffenden Konfession sein. Diese Pflicht mag durch das Kirchenrecht statuiert sein — das Gutachten C hebt allein darauf ab —; für den staatlichen Rechtskreis ist aber entscheidend, daß sie im staatlichen Verfassungsrecht begründet ist (Art. 7 Abs. 3 Satz 1 i. V. m. Art. 7 Abs. 2 GG). Das findet seine Stütze in der zutreffenden Erkenntnis, daß der Religionsunterricht „als eine Einrichtung im staatlichen Interesse zu verstehen" ist und daß das Grundgesetz „den schulischen Charakter des Religionsunterrichts und nicht den kirchlichen betont"[63].

Im Gutachten C ist eine tragfähige, auf prinzipielle Erwägungen abgestützte Begründung für den Pflichtcharakter des Religionsunterrichts schwerlich noch zu finden. Der Begriff „ordentliches Lehrfach" wird in seiner Bedeutung weithin auf schulorganisatorische Regelungen eingegrenzt. Einschneidender ist aber die sich im Laufe des Gutachtens verstärkende Tendenz, in bezug auf die konfessionelle Zusammensetzung der Schüler im Religionsunterricht neben der Maßgeblichkeit der „Grundsätze" der betreffenden Religionsgemeinschaft entscheidend auf die freie Wahl der Erziehungsberechtigten bzw. der Schüler abzuheben (zusammenfassend These 3)[64].

„Es besteht kein staatliches Interesse, wonach ein Schüler nur am Religionsunterricht seiner Konfession teilnehmen können soll", heißt es[65]. Später wird betont, der Staat habe weder das Recht noch die Pflicht, einen Schüler zur Teilnahme am Religionsunterricht zu veranlassen, der nach der Auffassung der einen oder der anderen Religionsgemein-

---

[62] DVBl. 1976, 614.

[63] So mit Betonung *A. Frhr. von Campenhausen*, Erziehungsauftrag und staatliche Schulträgerschaft, Göttingen 1967, 146 bzw. 159.

[64] DVBl. 1976, 615.

[65] Ebd., 611 rechte Spalte.

schaft für ihn vorgesehen ist[66]. Diese Meinung wird dann auch in einer entscheidenden Passage[67] noch einmal hervorgehoben, wo ein Gedankengang entwickelt wird, der auf die Anerkennung eines freien Wahlrechts hinausläuft und dessen Tragweite keineswegs auf die besondere Situation in der Sekundarstufe II begrenzt ist, sondern der offensichtlich allgemeine Geltung beansprucht. Gewiß kann eine Religionsgemeinschaft nicht von sich aus eine für den Staatsbürger nach staatlichem Recht verbindliche Regelung treffen, um den ausschließlichen Besuch des eigenen Religionsunterrichts sicherzustellen; es überzeugt aber nicht, wenn gesagt wird, dies sei auch dem Staat verwehrt, denn sonst wäre ihm — immer die Austritts- bzw. Abmeldemöglichkeit als selbstverständlich vorausgesetzt — prinzipiell die Möglichkeit genommen, konfessionellen Religionsunterricht von Verfassungs wegen vorzuschreiben. Die in diesem Zusammenhang[68] erfolgende Berufung auf *von Campenhausen*, Erziehungsauftrag und staatliche Schulträgerschaft (1967), S. 189 ff., kann nicht verfangen; die dortigen Ausführungen beziehen sich nämlich auf die rechtliche Ordnung der Bekenntnisschule, also auf einen Tatbestand, der sich vornehmlich durch das Fehlen einer Austrittsalternative und dadurch von dem vorliegenden grundlegend unterscheidet, daß es sich bei der Bekenntnisschule um eine „allein auf den übereinstimmenden Willen aller beteiligten Eltern begründbare(n) Schulart" handelt[69].

Es mag rechts- und religionspolitisch erwägenswert sein, ohne jegliche Anknüpfung an den „Bekenntnisstand" den Erziehungsberechtigten bzw. den Schülern die Wahl zwischen evangelischem und katholischem Religionsunterricht freizugeben. Mit dem geltenden Verfassungs- und Vertragsrecht wäre aber ein solches Wahlrecht nicht in Einklang zu bringen. Möglich sind lediglich — unter Wahrung des auch die schülerschaftliche Homogenität einbeziehenden Konfessionalitätsprinzips — geordnete Formen begrenzter wechselseitiger Öffnung des Religionsunterrichts. Im Gutachten H ist versucht worden, hierfür Möglichkeiten und Grenzen im einzelnen abzustecken.

2. Ein zweiter grundlegender Differenzpunkt betrifft, vom ersten notwendigerweise abhängend, die Reichweite der staatlichen Regelungskompetenz im Zusammenhang mit dem Paritätsprinzip. In abstracto ist es natürlich völlig zutreffend, wenn im Gutachten C in These 7[70] zusammenfassend formuliert wird, jeder Religionsgemeinschaft müsse bei der

---

[66] Ebd., 612.
[67] Ebd., 613 f.
[68] Ebd., 614.
[69] *Von Campenhausen*, Erziehungsauftrag (Anm. 63), 192.
[70] DVBl. 1976, 615.

Ausgestaltung des Religionsunterrichts das Ihre und nicht das Gleiche zuteil werden. Die spezifische Unterschiedlichkeit der Ausgestaltung setzt aber Gleichheit im äußeren Rechtsstatus, nicht zuletzt hinsichtlich der Rechte und Pflichten der Schüler, notwendig voraus. Dies zu gewährleisten ist eine unabdingbare verfassungs- und vertragsrechtliche Pflicht des Staates. Demgemäß kann sich der Staat auch nicht der Aufgabe entziehen, die im vorliegenden Fall relevanten Verfassungsbegriffe in bestimmter Weise auszulegen. Das Gewicht der Entscheidung liegt auf der Hand: je nachdem, ob man der Linie des einen oder der Linie des anderen Gutachtens folgt, verändert sich die rechtliche und faktische Situation des Religionsunterrichts. Und wegen des notwendigen rechtlichen und faktischen Korrespondenzverhältnisses sind naturgemäß beide Konfessionen, gleichsam wie in einem System kommunizierender Röhren, davon betroffen. Würde es im Sinne der von den evangelischen Landeskirchen in Baden-Württemberg vorgeschlagenen Lösung zu einem „splitting" kommen, so wäre damit, soweit ersichtlich, erstmals in der Geschichte des Religionsunterrichts an öffentlichen Schulen die Gleichheit der rechtlichen Ausgangsbasis verlassen, und dies nicht nur für die Sekundarstufe II, sondern tendenziell auch für die davor liegenden Stufen, da es nach dem Gutachten C für eine subjektive, an die Konfessionszugehörigkeit anknüpfende Verpflichtung und dementsprechend für das Prinzip der Homogenität eine verfassungsrechtliche Grundlage nicht (mehr) gibt.

3. In Anbetracht des Gewichts und der Tragweite der anstehenden Entscheidung wird man — von den inhaltlichen Fragen ganz abgesehen — die Notwendigkeit der Beteiligung aller zuständigen kirchlichen Vertragspartner betonen müssen. Zu Recht weist *Christoph Link*[71] darauf hin, daß die kirchenvertraglichen Garantien des Religionsunterrichts dessen von beiden Seiten ursprünglich vorausgesetzte Gestalt betreffen, so daß die Vertragsbindung einer einseitigen staatlichen Änderung entgegensteht. Daraus ist zu folgern, daß im Hinblick auf Art. 21 Reichskonkordat und auf Art. XI Badisches Konkordat eine Verständigung mit dem Heiligen Stuhl herbeigeführt werden muß. Wegen der strikten Übereinstimmung der badischen staatskirchenvertraglichen Regelungen in der Materie des Religionsunterrichts wird man auch fordern müssen, daß eine Verständigung mit dem betreffenden kirchlichen Vertragspartner nicht erfolgt, ohne dem anderen zumindest vorher förmlich Gelegenheit zur Stellungnahme gegeben zu haben.

II. Aus einem Vergleich mit den eingangs abgedruckten Rechtsdokumenten läßt sich leicht erkennen, daß es trotz der Unterschiedlich-

---

[71] Religionsunterricht (Anm. 10), 535 Anm. 170.

keit der Standpunkte schließlich doch noch gelungen ist, unter den beteiligten Partnern zu einer Einigung zu kommen. Es liegt allerdings auf der Hand, daß dies nur dadurch möglich geworden ist, daß die evangelische Seite auf ihrer Position nicht beharrte und sich von der Notwendigkeit überzeugen ließ, ihre Beurteilung der verfassungsrechtlichen Rahmenbedingungen zu revidieren. Es wäre zu wünschen, die in Baden-Württemberg getroffene Regelung könnte sich in anderen Bundesländern als Modell auswirken; denn es ist eine Lösung gefunden worden, die — bei aller Bereitschaft zur Fortentwicklung — die bestehenden verfassungs- und vertragsrechtlichen Bindungen nicht einfach überspielt und die so die de constitutione lata gegebenen Grenzen der Interpretationsmöglichkeit ernstnimmt.

Nachwort (1983)

1. Die im Jahre 1976 in Baden-Württemberg für den Religionsunterricht in der sog. reformierten Oberstufe getroffenen Regelungen sind seither in ihrer inhaltlichen Substanz nicht geändert worden. Als Rechtsgrundlage ist jetzt maßgebend Teil A Ziff. 1 der Verwaltungsvorschrift des Ministeriums für Schule und Sport vom 31. März 1983 (IV-1-1018-3/100) über die Teilnahme am Religionsunterricht (Kultus und Unterricht 1983, S. 423). Teil B dieser Verwaltungsvorschrift gibt den nur an einer Stelle redaktionell geänderten Wortlaut der zwischen den Kirchen getroffenen Vereinbarung wieder; diese trägt jetzt ebenfalls das Datum vom 31. März 1983.

Das damals von mir erstattete Gutachten hat, so scheint es, für die Sache und für das Klima gute Dienste leisten können[72]. Das Erzbischöfliche Ordinariat Freiburg i. Br. schreibt mir dazu unter dem 11. November 1982: „Ihre gutachtliche Stellungnahme war sowohl sehr maßgebend und sehr hilfreich für die Gespräche innerhalb der Kirchenleitungen des Landes wie auch in den Gesprächen mit dem Ministerium. Nach der sechsjährigen Erfahrung ist auch festzustellen, daß die damals mit dem Ministerium gefundene Vereinbarung sich als gut und richtig erwiesen hat. Auch wer seinerzeit den Argumenten nur unwillig folgte, sieht sich inzwischen angesichts der praktischen Entwicklung in der Schule eines

---

[72] Die Grundkonzeption des Gutachtens wird auch bestätigt durch den Kommentar von *Wilhelm Holfelder / Wolfgang Bosse*, Schulgesetz für Baden-Württemberg, 5. Aufl., Stuttgart 1980, S. 203: „Der konfessionsgebundene Unterricht gilt grundsätzlich auch für die neugestaltete gymnasiale Oberstufe. Die konfessionelle Homogenität von Lehre, Lehrern und Schülern ist auch hier notwendiger Bestandteil der Garantie des Religionsunterrichts als ordentliches und in Übereinstimmung mit den Grundsätzen der betreffenden Religionsgemeinschaft zu erteilendes Lehrfach". An anderer Stelle (S. 198) auch ein Hinweis auf mein Gutachten.

Besseren belehrt. Es hat sich bewährt, die Regelungen auf rechtlich sauberer Basis zu formulieren."

2. Anfragen bei den Kirchenleitungen für den Bereich der Erzdiözese Freiburg und der Evangelischen Landeskirche in Baden über die praktischen Erfahrungen haben übereinstimmend ergeben, daß sich auf der Grundlage der genannten Regelungen das Verfahren ohne prinzipielle Schwierigkeiten „eingespielt" hat. Man einigte sich darauf, daß die jeweils „abgebende" Kirche die erste Entscheidung trifft und die „aufnehmende" sich normalerweise daran orientiert. Im übrigen hat sich gezeigt, daß in außergewöhnlichen Situationen meist mit Hilfe der allgemeinen Härtefall-Klausel eine angemessene Lösung gefunden werden kann. Die einschlägigen Akten bieten hierfür reichhaltiges kasuistisches Material, dessen Auswertung einmal lohnend sein könnte.

Man muß sich allerdings vor Augen halten, daß entgegen anfänglichen Erwartungen oder Befürchtungen sich die Zahl derjenigen, die von der eingeräumten Möglichkeit, an dem Religionsunterricht der anderen Konfession teilzunehmen, Gebrauch machen, sehr in Grenzen hält. Nach einer mir von der Evangelischen Landeskirche in Baden zugänglich gemachten Statistik, die sich auf den Religionsunterricht in den Jahrgangsstufen 12 und 13 im Schuljahr 1981|82 bezieht, haben 28 evangelische Schüler am katholischen Religionsunterricht teilgenommen; das sind 0,34 %. In umgekehrter Richtung liegt die Zahl geringfügig höher: 46 katholische Schüler, das sind 0,53 %, haben in dem zulässigen Umfang Kurse in evangelischer Religionslehre besucht. Das ist die Größenordnung, in der sich auch die Zahlen für die vorausliegenden Jahre bewegen, soweit das anhand etwa der Schülerstatistiken des Erzbischöflichen Ordinariats Freiburg i. Br. überprüft werden konnte.

Personenregister

Anschütz, G. 5, 17, 51, 59

Birn, W. 89
Bosse, W. 86, 111
v. Busse, F.-G. 16—19, 21, 24 f., 27, 31, 38, 42

v. Campenhausen, A. 14 f., 17, 21, 23 f., 26—28, 37—40, 43, 82, 88, 99, 101, 107—110
Claassen, H. 15

Dallinger, P. 89
Deuschle, D. 19 f., 25, 32
v. Drygalski, R. 18, 59, 66—68, 75, 89

Ehlers, D. 17, 25, 96
Eiselt, G. 14

Feuchte, P. 65, 67, 89, 92, 104
Föhr, E. 89
Friedrich, O. 89, 93
Friesenhahn, E. 5, 18—20, 59 f., 67 f., 70, 89, 92

Geiger, W. 93, 104

v. Harnack 58
Hauer, R. 15
Heckel, M. 17, 42, 46, 91, 94, 100
Heinzel, J. 26
Herzog, R. 32 f., 45
Hesse, K. 26, 98, 101
Hochstetter, H. 89, 93
Holfelder, W. 86, 111

Hollerbach, A. 15, 21, 23, 26, 28, 30, 34—37, 40, 42, 46, 79, 90, 93

Jurina, J. 42

Kästner, K.-H. 45
Keim, W. 18
Klein, F. 46, 67, 70, 75
Klügel, E. 15

Landé, W. 15, 17 f., 52, 58 f., 64, 70, 75, 92
Leisner, W. 25—27, 29, 31, 33, 38, 44
Link, Chr. 13, 15—21, 25 f., 31 f., 36 f., 39 f., 42 f., 45, 89, 91, 95—98, 101, 104, 106
Listl, J. 18, 32, 42, 44, 49, 73, 77, 88, 92, 97, 101

Mahrenholz, E. G. 15
v. Mangoldt, H. 46, 67, 70, 75
Maunz, Th. 15 f., 18 f., 23 f., 35, 39, 52, 74, 76 f., 88, 93, 97 f., 105
Mayer-Scheu, H. 27, 100
Meyer-Teschendorf, K. G. 37
Mörsdorf, K. 41
Müller, Fr. 15 f., 27, 91, 95, 104

Nagel, K.-J. 16, 18 f., 26
Nebinger, E. 89

Obermayer, K. 74

Pahlke, A. 13
Peters, H. 19, 67, 75, 97
Pieroth, B. 15 f., 27, 91, 95, 104

Rahner, K. 55
Reinhardt, U. 15
Rumpf, B. 89

Sättler, G. 67
Scheuner, U. 18, 21, 42, 57, 63, 74, 88, 92, 94 f., 98, 101, 105 f.
Schlaich, K. 37, 92
Schmoeckel, R. 15, 17 f., 24 f., 52, 57, 59, 70, 89

Smend, R. 45
Spreng, R. 89
Stachel, G. 55

Toews, H.-J. 15

Weber, Hermann 45
Weber, Werner 15, 19, 100
Wedemeyer, H. 15

Sachwortregister

Abmeldemöglichkeit vom RU
— verfassungsrechtlich geboten 13 f., 18 ff.
— soll allein der Gewissensfreiheit der Schüler dienen 20, 57 f.
— nach herrschender Lehre entscheidet nach Erreichung des 14. Lebensjahres der Jugendliche 67
— steht nicht in Verbindung mit dem Austritt aus der Religionsgemeinschaft 19
— Verpflichtung zur Teilnahme am Ersatzunterricht 19 f., 35

Anmeldung zum RU
— eine besondere Anmeldung zum RU wegen des Pflichtfachcharakters nicht erforderlich 18 ff., 58, 66 f.

Baden
— RU nach dem Gesetz vom 9. 10. 1860 bekenntnisgebundenes Pflichtfach 93

Baden-Württemberg
— Gesetzgebung geht aus von einer grundsätzlichen Homogenität von Lehre, Lehrern und Schülern 94
— Öffnung des RU in der Sekundarstufe II für Schüler eines anderen Bekenntnisses 73 ff., 79 ff.

Bayern
— kein Wahlrecht auf der Kollegstufe zwischen eigenem und bekenntnisfremdem RU 23 f.

Deutsche Bischofskonferenz
— Zuständigkeit für eine Regelung der Öffnung des RU für Schüler eines anderen Bekenntnisses 70 f., 77 f.

Ersatzunterricht, obligatorischer
— keine verfassungsrechtlichen Bedenken gegen dessen Einführung für Schüler, die sich vom RU abgemeldet haben 20

Grundgesetz
— Bestimmungen über die Konfessionalität des RU 52 f., 58, 63 f., 73 f.
— RU als ordentliches Lehrfach nach Art. 7 Abs. 3 GG 5, 14 f., 90 f.

Grundsätze der Religionsgemeinschaften
— Bedeutung und inhaltliche Grenzen dieses Begriffs i. S. des Art. 7 Abs. 3 GG 96 ff.

- Bindung des RU an die Lehre der betreffenden Kirche oder Religionsgemeinschaft 5, 17, 51 ff., 58, 90
- Erteilung des RU nach den Grundsätzen der Religionsgemeinschaften 5, 17 f., 26, 74, 96 ff.
- Zulassung bekenntnisloser oder -fremder Schüler zum RU gehört zu den „Grundsätzen" i. S. des Art. 7 Abs. 3 S. 2 GG 26 f., 76 f., 85, 96 ff., 106 f.

Heiliger Stuhl
- Zuständigkeit für die Zustimmung zur Gewährleistung eines gegenseitigen Besuchsrechts des RU für kath. Schüler 77 f., 110

Hessen
- rechtswidrige Praxis der Teilnahme von Schülern eines anderen Bekenntnisses am RU 57 ff., 74

Homogenität, bekenntnismäßige
s. auch Öffnung des RU für Schüler einer anderen Konfession
- Äußerungen der kath. und ev. Kirche 22 ff., 82 ff., 93, 107 ff.
- grundsätzliche Homogenität von Lehre, Lehrern und Schülern 5, 17, 52 f., 58 ff., 60, 65 f., 73, 83, 86, 91
- von Lehrinhalt, Lehrperson und Schülerschaft — unterschiedliche *verfassungsrechtliche* Beurteilung dieses Prinzips 24 ff., 91, 94
- von Schülern und Lehrern 22 ff., 52 f., 90 f., 94 ff., 107 ff.
- der Schülerschaft: gehört *im Prinzip* zu den verfassungsverbürgten und vertragsgesicherten konstituierenden Merkmalen des RU 94 ff., 106
- vom Prinzip der konfessionellen *Schüler*homogenität kann aufgrund von Vereinbarungen zwischen den betroffenen Kirchen abgegangen werden 24 ff., 75 ff., 101 ff.

Interkonfessioneller RU
- durch die Verfassung nicht gedeckt 52, 59, 65, 70
- nur zulässig bei Zustimmung sämtlicher kirchlicher Oberbehörden der betroffenen Religionsgemeinschaften eines Bundeslandes 53 ff., 59, 75 ff.

Islamischer RU 14

Konfessionalität des RU
s. Grundsätze der Religionsgemeinschaften
Homogenität, bekenntnismäßige

Kooperativ-konfessioneller RU
- Konzeption 49 ff.
- verstößt gegen die verfassungsrechtlich vorgeschriebene bekenntnismäßige Bindung des RU 51 ff., 77

Leistungsbewertung im RU
- versetzungserhebliche Leistungsbewertung im RU zulässig 74

Leuenberger Konkordie 69

Niedersächsisches Konkordat
— in Art. 7 Abs. 1 S. 1 Bestimmungen über den konfessionellen RU 14

Öffnung des RU für Schüler einer anderen Konfession
s. auch Homogenität, bekenntnismäßige
— ein Verständnis des RU i. S. eines Wahl(pflicht)fachs durch die Verfassung und die Kirchenverträge ausgeschlossen 47, 102
— Formen der Zusammenarbeit zwischen den Konfessionen müssen kirchlich-theologisch verantwortbar bleiben und zugleich verfassungs- und gesetzeskonform sein 5, 99 ff.
— Zulassung bekenntnisloser oder -fremder Schüler zum RU berührt die „Grundsätze" (Art. 7 Abs. 3 S. 2 GG) der Religionsgemeinschaften 26, 69, 76 ff., 96 ff.
— keine rechtlichen Bedenken gegen einen informativen oder gastweisen Besuch des RU durch fremdkonfessionellen Schüler (ohne Benotung) 34 f., 94
— Zulässigkeit einer Öffnung für konfessionslose Schüler bei Zustimmung der betreffenden Religionsgemeinschaft 31 ff., 76 ff., 82 ff., 101
— Unbedenklichkeit ausnahmsweiser Beteiligung am RU der anderen Konfession für den Fall eines nicht ausreichenden Kursangebots 30 f.
— Rechtswidrigkeit einer „Ummeldemöglichkeit" für konfessions*fremde* Schüler 33 ff., 107
— Rechtswidrigkeit der Zuerkennung eines „Abmelderechts" vom eigenen RU zum Zwecke der Teilnahme am RU einer anderen Konfession 29 ff., 104 f., 107
— ein staatsverordnetes Abmelderecht i. S. einer Ummeldemöglichkeit ergibt sich nicht aus dem Grundrecht der Religionsfreiheit (Art. 4 Abs. 1) der Schüler 45, 104 f.
— ein allgemeines Wahlrecht zwischen dem RU der eigenen oder einer anderen Konfession aus Art. 7 Abs. 2 GG nicht herleitbar 68, 102
— Zuerkennung einer Wahlmöglichkeit zwischen dem RU verschiedener Bekenntnisse i. S. eines Ummelderechts wäre ein Verstoß gegen den Pflichtfachcharakter des RU 34, 104 ff.
— eine einseitige staatliche Gewährleistung eines Abmelderechts i. S. einer bloßen Ummeldemöglichkeit ohne Zustimmung beider betroffener Konfessionen wäre ein Verstoß gegen das Neutralitätsprinzip und den Verfassungsgrundsatz des „ordentlichen Lehrfachs" 41 f., 102 ff.
— ein einseitig vom Staat gewährleistetes Abmelderecht i. S. einer Ummeldemöglichkeit wäre ein Verstoß gegen das Prinzip der religiösen und weltanschaulichen Neutralität des Staates 37 ff., 102 ff.
— Gewährung eines „Abmelderechts" i. S. einer bloßen Ummeldemöglichkeit würde zu einem potentiell ungeordneten Nebeneinander von kath. und ev. RU führen 36
— i. S. einer Wahlmöglichkeit zwischen dem RU verschiedener Konfessionen rechtlich nur möglich mit Zustimmung dieser Konfessionen 36, 69 ff., 76 ff., 82 ff., 101 ff.
— Voraussetzung für eine begrenzte wechselseitige Öffnung des RU ist eine Einigung der betroffenen Religionsgemeinschaften 43 ff., 69 ff., 76 ff., 82 ff., 101 ff.

- die Anerkennung einer Öffnung des RU, die nur von *einer* der beiden betroffenen Religionsgemeinschaften bejaht wird, wäre staatlicherseits eine Änderung des Art. 7 Abs. 2 und 3 GG 33 f., 103
- unverzichtbares Erfordernis der Gleichheit im äußeren Rechtsstatus der Schüler der betroffenen Religionsgemeinschaften 110
- Erfordernis einer „bekenntnisangehörigen Basis" 29
- konfessionelle Überfremdung als Grenze der Öffnung 28 f.
- für Schüler anderer Konfession in der bad.-württ. Oberstufenreform 23, 63 ff., 73 ff., 79 ff., 104 ff.
- Differenzpunkte zwischen den ev. und kath. Kirchenleitungen in Baden-Württemberg 86 ff.
- für Schüler anderer Konfession in der niedersächs. Oberstufenreform 20 ff., 28

Ökumenische Gesinnung des RU 5

Ordentliches Lehrfach
- RU als „ordentliches Lehrfach" — ein Begriff des *staatlichen* Schulrechts 94, 99
- RU als ordentliches Lehrfach zementiert nicht das System der Jahrgangsklassen, sondern ermöglicht auch ein differenziertes Kurssystem 95 ff.
- Charakter als „ordentliches Lehrfach" besagt keine Privilegierung des RU im Rahmen der Oberstufenreform 21, 57, 90 ff.

Orthodoxe Kirchen
- Zulassung orthodoxer Schüler zum RU 25

Parität, verfassungsrechtliche
- zwischen den Religionsgemeinschaften auf dem Gebiete des RU 94

Pflichtfach
- Verpflichtung der Schüler zur Teilnahme an dem *ihrem* Bekenntnis entsprechenden RU 15, 18, 20, 57 ff., 91 f.
- RU als Pflichtfach mit verfassungsverbürgter Befreiungsmöglichkeit für Lehrer und Schüler 15
- ein Verständnis des RU als eines Wahl(pflicht)fachs ist durch die Verfassung und die Kirchenverträge ausgeschlossen 47, 91 f.
- Charakter des RU als Pflichtfach durch Abmeldungsmöglichkeit nicht beseitigt („relatives Pflichtfach") 16
- Konsequenzen des Pflichtfachcharakters für Benotung und Versetzung 16

Proselytenmacherei
- Förderung im staatlichen RU unzulässig 101

Reichskonkordat
- Fortgeltung der Bestimmungen über den RU 15

Religionskundeunterricht
- im Rahmen des Art. 7 GG unzulässig 70, 75

Sachwortregister

Religionsnote
— in Niedersachsen relevant für die Gesamtqualifikation für das Abitur 22

Religionswissenschaft
— RU keine bloße religionswissenschaftliche Darbietung 75

Selbstverständnis der Kirchen
— Bedeutung für die Bindung des RU an die „Grundsätze" der Religionsgemeinschaften 91

Staatliche Veranstaltung des RU
— RU ist staatlicher Unterricht 15, 58
— zum Teil bestritten für Baden-Württemberg 88 ff.

Staatskirchenvertragsrecht
— eine „Öffnung" des RU für bekenntnisfremde Schüler nur im Rahmen der Konkordate und Kirchenverträge zulässig 90

Teilnahme am RU
— nicht von einer besonderen Anmeldung abhängig 18 ff.
— nach herrschender Lehre bestimmt hierüber nach Erreichung des 14. Lebensjahres der Jugendliche 67

Übereinstimmung des RU mit den Grundsätzen der betreffenden Religionsgemeinschaften 5, 17 f., 51 ff., 58 f., 96 ff.

Wahlfach
— RU kein persönliches Wahlfach 57 ff., 61, 91 f., 102

Wahlmöglichkeit
— zwischen dem RU verschiedener Konfessionen nur mit Zustimmung beider Konfessionen 36, 75 ff., 101 ff.

Wahlrecht
— ein allgemeines Wahlrecht zwischen dem RU der eigenen und einer anderen Konfession mit Art. 7 Abs. 2 GG unvereinbar 68, 109

Weimarer Reichsverfassung
— Bestimmungen über den RU 51 f., 58

Wissensvermittlung
— RU ein auf Wissensvermittlung ausgerichtetes Lehrfach 74

Staatskirchenrechtliche Abhandlungen

Herausgegeben von Ernst Friesenhahn, Alexander Hollerbach, Josef Isensee, Joseph Listl, Hans Maier, Paul Mikat, Klaus Mörsdorf, Wolfgang Rüfner

1. **Das Grundrecht der Religionsfreiheit in der Rechtsprechung der Gerichte der Bundesrepublik Deutschland.** Von Joseph Listl. XXVI, 522 S. 1971. DM 88,—.

   „Der vorliegende Band hat den Charakter eines Handbuches, auf das alle Behörden und Gerichte, die sich mit Fragen der Religion, der Kirchen und der Weltanschauungsgemeinschaften zu befassen haben, angewiesen sind."

   H. Kirchner, Ministerialdirigent im Bundesministerium der Justiz, in: Deutsches Verwaltungsblatt

2. **Die Mitwirkung der Arbeitgeber bei der Erhebung der Kirchensteuer.** Vier Rechtsgutachten zur Frage ihrer Verfassungsmäßigkeit. Von Axel Frhr. von Campenhausen, Theodor Maunz, Ulrich Scheuner, Herbert Scholtissek. 120 S. 1971. DM 18,—.

   „Die Gutachten bestätigen die verfassungsrechtliche Richtigkeit des Abzugsverfahrens der von den kirchenangehörigen Arbeitnehmern zu zahlenden Kirchensteuern."

   Prof. Dr. P. Weides, in: Neue Juristische Wochenschrift

3. **Schriften zum Staatskirchenrecht.** Von Ulrich Scheuner. Hrsg. von Joseph Listl. 608 S. 1973. Lw. DM 124,—.

   „Die Auswahl, die Joseph Listl, ein Schüler Sch.s, in diesem vorzüglich ausgestatteten Band als ausgewiesener Sachkenner und mit großem Geschick getroffen hat, enthält die Summe des staatskirchenrechtlichen Schrifttums Ulrich Scheuners. Sie ist darüber hinaus ein historisches Dokument der einzelnen Phasen der Entwicklung des Staatskirchenrechts in der Bundesrepublik Deutschland während der ersten 25 Jahre ihres Bestehens."

   Prof. Dr. P. Weides, in: Archiv des Öffentlichen Rechts

4. **Religionsunterricht als ordentliches Lehrfach.** Eine Fallstudie zu den Verfassungsfragen seiner Versetzungserheblichkeit. Von Friedrich Müller und Bodo Pieroth. 132 S. 1974. DM 29,60.

   „Dieses überaus sorgfältige Rechtsgutachten, das zur Vorlage beim Bundesverwaltungsgericht verfaßt wurde, gelangt zu dem Ergebnis, daß die Verpflichtung zu weltanschaulicher Neutralität den Staat nicht hindert, der Religionsnote Versetzungserheblichkeit einzuräumen."

   Prof. Dr. A. Frhr. v. Campenhausen, in: Zeitschr. für evang. Kirchenrecht

5. **Religionsrechtliche Schriften.** Abhandlungen zum Staatskirchenrecht und Eherecht. Von Paul Mikat. Hrsg. von Joseph Listl. 2 Bände. 1166 S. 1974. Lw. DM 198,—.

„Die religionsrechtlichen Schriften von *Mikat* werden für jeden unentbehrlich sein, der im Widerstreit der kontroversen Auffassungen im Problemkreis von Staat—Kirche—Gesellschaft nach Maßstäben für einen eigenen Standpunkt sucht."

Dr. H. J. Becker, Richter am Bundesverwaltungsgericht, Berlin, in: Zeitschrift für das gesamte Familienrecht

6. **Staatliche Hilfe an Kirchen und kirchliche Institutionen in den Vereinigten Staaten von Amerika.** Ein Beitrag zur historischen Entwicklung und Gegenwartsproblematik des Verhältnisses von Staat und Kirche in den USA. Mit einem Vorwort von Ulrich Scheuner. Von Michael Quaas. 149 S. 1977. DM 48,—.

„Eine so klar beobachtende, zugleich zurückhaltend kritische Analyse gibt es bislang nicht. Die Lektüre ist ein Genuß und für die staatskirchenrechtlichen Fragen unter dem Grundgesetz aufschlußreich."

Prof. Dr. Klaus Schlaich, in: Zeitschrift für evangelisches Kirchenrecht

7. **Kirche und Staat in der neueren katholischen Kirchenrechtswissenschaft.** Von Joseph Listl. XVI, 279 S. 1978. DM 78,—.

„Das Buch von *Listl* bringt nicht nur eine Fülle kirchengeschichtlicher Details, die bisher unbekannt waren. *Listl* gelingt es auch, die großen Linien der Ideengeschichte zu ziehen und dem Leser ein Bild von den Zusammenhängen zu geben, welche im 19. und 20. Jahrhundert die kirchliche Haltung bestimmten."

Prof. Dr. Wolfgang Rüfner, in: Die Öffentliche Verwaltung

8. **Staat und Verbände im Sachbereich Wohlfahrtspflege.** Eine Studie zum Verhältnis von Staat, Kirche und Gesellschaft im politischen Gemeinwesen. Von Roland Wegener. 319 S. 1978. DM 94,—.

„Der Verfasser hat mit wissenschaftlicher Akribie eine Bestandsaufnahme eines für unser Gemeinwesen zentralen Sachbereiches vorgelegt, die Anerkennung und Dank verdient."

Dr. F. Klein, Justitiar a. D. des Deutschen Caritas-Verbandes, in: Caritas

9. **Das Kirchenamt im Recht der gesetzlichen Unfallversicherung.** Ein Beitrag zur normativen Harmonisierung kirchlichen und staatlichen Rechtsverständnisses im Sozialrecht. Von Wilhelm Wertenbruch und Hans Otto Freitag. 130 S. 1979. DM 54,—.

„Der Wert der Untersuchung liegt vor allem darin, daß sie die theoretische Grundlage für die praktisch höchst bedeutsame Auslegung von § 539 Abs. 1 Nr. 13 RVO entwickelt. Wegen der zunehmenden Zahl ehrenamtlicher kirchlicher Mitarbeiter ist deren gesetzlicher Unfallversicherungsschutz von großer Wichtigkeit."

Rechtsdirektor Dr. Josef Jurina, in: Archiv für katholisches Kirchenrecht

10. **Das Dienst- und Arbeitsrecht im Bereich der Kirchen in der Bundesrepublik Deutschland.** Von Josef Jurina. 195 S. 1979. DM 66,—.

„Diese Publikation behandelt erstmals im Zusammenhang alle gegenwärtig diskutierten Fragen des kirchlichen Dienst- und Arbeitsrechts. Sämtliche Urteile der Arbeitsgerichte, auch die bisher unveröffentlichten Entscheidungen, sind in dieser Darstellung eingehend behandelt."

Katholische Nachrichten-Agentur — Informationsdienst

11. **Die Einschulung von Kindern verschiedenen Bekenntnisses in eine öffentliche Bekenntnisschule.** Von Willi Geiger. 81 S. 1980. DM 28,—.

„Die Darlegungen von *Geiger* geben nicht nur den gefestigten Stand aus Rechtslehre und Rechtsprechung in überzeugender Weise wieder, sondern entwickeln auch neue Antworten und Lösungen, die das wissenschaftliche Gespräch anregen und weiterführen werden."

Prof. Dr. Theodor Maunz, in: Zeitschrift für evangelisches Kirchenrecht

12. **Das Recht der Freien Schule nach dem Grundgesetz.** Von Friedrich Müller. 2., bearbeitete und stark erweiterte Auflage. IV, 537 S. 1982. DM 98,—.

„Das Werk behandelt in seiner neuen Auflage alle wichtigen und aktuellen Probleme des Rechts der Ersatzschulen und betrifft in seinen Aussagen gleichermaßen jedes Bundesland. Ein Literaturverzeichnis, der Abdruck zahlreicher Vorschriften sowie ausführliche Sach- und Entscheidungsregister geben dem Buch auch die Funktion eines Nachschlagewerkes."

Neue Juristische Wochenschrift

13. **Rechtsfolgen der konkordatsrechtlichen Beanstandung eines katholischen Theologen.** Von Ulrich Scheuner. 69 S. 1980. DM 19,80.

„In der geistigen Durchdringung der gesamten Problematik und der vollendeten Form der Darstellung ist das Gutachten von Prof. Scheuner ein Meisterwerk."

Anzeiger für die katholische Geistlichkeit

14. **Kirchenbaulasten politischer Gemeinden und Gewohnheitsrecht.** Nach heutigem Staatskirchenrecht exemplarisch dargestellt für das Hochstift Paderborn. Von Nikolaus Wiesenberger. 267 S. 1981. DM 88,—.

„Für die verfassungsrechtliche Beurteilung einschlägiger Fakten enthält diese Arbeit überzeugende Gesichtspunkte und für die in der Gegenwart fruchtbare Entwicklung des Staatskirchenrechts bringt sie weitere Impulse."

Prof. Dr. Theodor Maunz, in: Bayerische Verwaltungsblätter

DUNCKER & HUMBLOT / BERLIN

ERNST RUDOLF HUBER · WOLFGANG HUBER

Staat und Kirche im 19. und 20. Jahrhundert

Dokumente zur Geschichte des deutschen Staatskirchenrechts

I: Staat und Kirche vom Ausgang des alten Reichs bis zum Vorabend der bürgerlichen Revolution. XXXI, 705 S. 1973. Lw. DM 118,—.

„Das Staatskirchenrecht bildet einen gemeinsamen Gegenstand der Kirchen- und Rechtsgeschichte, insbesondere der Verfassungsgeschichte, und darüber hinaus auch der gesamtgeschichtlichen Forschung. In steigendem Maß wenden in neuerer Zeit auch die Soziologie und die Lehre von der Politik dem Staatskirchenrecht ihr Interesse zu. Keine wissenschaftliche Bibliothek wird deshalb auf den Erwerb dieses Quellenwerks verzichten können."

J. Listl, in: Stimmen der Zeit

II: Staat und Kirche im Zeitalter des Hochkonstitutionalismus und des Kulturkampfs 1848—1890. XLVII, 1036 S. 1976. Lw. DM 198,—.

„Auch der zweite Band erreicht sein Ziel in hervorragender Weise, die einschlägigen Hauptmaterialien ‚in ausgewogenem, gegliedertem und überschaubarem Zusammenhang zu vereinen'. Wie der erste macht sich der zweite Band als Nachschlagewerk für jede ernsthafte Auseinandersetzung mit der Geschichte nicht nur des Staatskirchenrechts, sondern ebenso des modernen politischen Gemeinwesens schlechthin unentbehrlich. Die geschickte Gliederung, die anschauliche Anordnung des Materials sowie die hilfreichen Einführungs- und Überleitungstexte lassen den Band auch zu einem gleichermaßen gut lesbaren wie anregenden Geschichtswerk für die zweite Hälfte des 19. Jahrhunderts werden."

J. Müller-Vollbehr, in: Zeitschrift der Savigny-Stiftung für Rechtsgeschichte. Kanonistische Abteilung

III: Staat und Kirche von der Beilegung des Kulturkampfs bis zum Ende des Ersten Weltkriegs. XXXVI, 873 S. 1983. Lw. DM 226,—.

Den Grundstock auch dieses Bandes bilden Texte, die an weitgestreuten Stellen veröffentlicht sind. Der Wiederabdruck mußte sich aus Raumgründen häufig auf Auszüge beschränken. Fremdsprachige Texte sind in Übersetzungen wiedergegeben; soweit sie nicht aus der Entstehungszeit zugänglich waren, werden neue, bisher unveröffentlichte Übersetzungen vorgelegt.

Aus dem Vorwort

IV: Das Staatskirchenrecht der Weimarer Zeit. *In Vorbereitung*

Mit diesem Band wird das Gesamtwerk abgeschlossen.

DUNCKER & HUMBLOT / BERLIN